历史里的秘密

博物馆奇妙夜①

主编　柳霞（山东社科院研究馆员）
出品　尚青云简

山东友谊出版社·济南

图书在版编目（CIP）数据

博物馆奇妙夜：历史里的秘密 / 柳霞主编 . -- 济南：山东友谊出版社，2022.2（2022.4 重印）

ISBN 978-7-5516-2401-5

Ⅰ . ①博… Ⅱ . ①柳… Ⅲ . ①历史文物－介绍－中国－青少年读物 Ⅳ . ① K87-49

中国版本图书馆 CIP 数据核字（2021）第 245028 号

博物馆奇妙夜：历史里的秘密

BOWUGUAN QIMIAO YE LISHI LI DE MIMI

责任编辑：肖　杉
装帧设计：丁运哲　果子

主管单位：山东出版传媒股份有限公司
出版发行：山东友谊出版社
地址：济南市英雄山路 189 号　邮政编码：250002
电话：出版管理部（0531）82098756
发行综合部（0531）82705187
网址：www.sdyouyi.com.cn
印　　刷：济南乾丰云印刷科技有限公司

开本：787mm × 1092mm　1/12
印张：16　**字数：**240 千字
版次：2022 年 2 月第 1 版　**印次：**2022 年 4 月第 2 次印刷
定价：158.00 元（全 4 册）

CONTENTS
目录

红山玉龙

我排第三！我不像龙？那是你们书读少了，我可是咱们华夏民族的精神图腾！

殷墟嵌绿松石甲骨

我排第六！别看我长得不怎么样，但架不住我身上的刻字和装饰耀眼呀。俗话说得好，人靠衣装马靠鞍，我得好好跟你们说道说道。

毛公鼎

我会在凌晨1点20准时出场。耀眼有什么好呢，我这一辈子啊，就是被这两个字害了，颠沛流离，一言难尽……

越王勾践剑

好吧，好吧，无所谓了，排12就12。但关于我一出场就“滴血认主”这事，你们不要瞎八卦。

三星堆青铜立人像

我排11啊？行，我3000多岁了，按理说看惯了敬畏和生死，但觉着现在的一切都很新鲜……

嵌绿松石兽面纹铜牌饰

凌晨2点半时就该我出场了。说我长得太吓人了？那就对了，威严、冷峻就是我的气质，这跟我的使命有关。

商鞅方升

是不是觉得我没纹饰不炫酷，平淡无奇一身锈？那是你们不知道我身上藏着的秦国崛起的秘密……

曾侯乙编钟

让我压轴出场？算你们有眼光，我可是现今世界的“编钟之王”，一觉醒来，举世震惊！

这是一群特殊的“客人”，在某著名博物馆的大殿里，每当午夜十二点的指针一过，它们准时清醒，充满生机地活跃起来，头对头、面对面地攀谈起来。

你看，今晚有个叫“贾湖骨笛”的家伙自荐当了主持人，说从今天晚上开始，要大家逐一自报家门，进行才艺比拼，最后投票选出能代表中国文化的10位成员组成“中华之光”，进行世界巡回演讲……

贾湖骨笛

我啊，按辈分来说，算是你的先先先……祖辈了。让一个活了将近9000年的老人家来当主持人，并且第一个发言，你们不会反对吧。

彩绘鹳鱼石斧图陶缸

我第二个！什么？我有点丑？这么跟老年人说话，可有点不太礼貌。

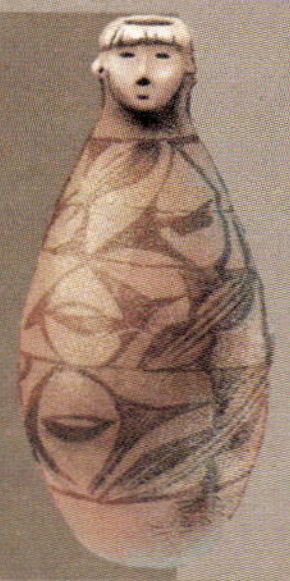

人头形器口彩陶瓶

谢谢大家，我第四个出场。大眼睛、尖下巴、巴掌脸，尤其是我的齐刘海，没想到5000多年后还是这么流行。

妇好鸮尊

8这个数字吉祥，我喜欢！我是迄今发现最早的鸟形酒尊，也是中国历史上第一位女将军妇好的代言人。

太阳神鸟金箔

9这个数字尊贵，太配我了！闪着你眼了？那没办法，我就是一轮被神鸟托起的太阳，耀眼是正常的……

后母戊鼎

哈哈，依我这体型和个头，也算目前世界上最大的青铜器了，我一定得好好跟你们讲讲我的故事……

来自远古的“乐音”：贾湖骨笛

我啊，按辈分来说，算是你们的先先先……祖辈了。不信？我活了将近9000年呢。在家里“九大镇院之宝”中，我可是唯一一个史前神器。

我的档案

出生年代：新石器时代裴李岗文化

籍贯：河南省舞阳县贾湖遗址

现家庭住址：河南博物院

身高：23.6厘米

个性签名：中华第一笛

知识小辞典

骨笛：用禽鸟的尺骨制成，是中国最早的乐器，后世笛箫类乐器的远祖。远古时人们或为了狩猎而吹，或在重大场合礼敬天地神灵而吹，或在崇拜图腾时使用。

我的家乡

我出生在河南省漯河市舞阳县的贾湖村，我们这儿可是中国淮河流域迄今所知年代最早的新石器文化遗存。没有我们，人们就不知道8000多年前的人类是如何生活的，所以我的家乡被称为“人类从愚昧迈向文明的第一道门槛”。

颍河：古称颍水，相传因纪念春秋郑人颍考叔而得名，是淮河流域历史上航运、农业灌溉的重要水源。

汝河：淮河支流洪河的重要支流，历史上曾多次改道。

贾湖遗址：其代表的贾湖文化主要分布在淮河上游的支流沙河和洪河流域，最北可达颍河、汝河流域。

沙河：淮河流域沙颍河水系的一级支流，古称滍（zhì）水。

我的主人

我的主人究竟是部落酋长还是巫师？时间太久了，我也忘记了，只记得他在整个氏族中地位很特殊，大家都很尊敬他。他在制作我们的材质挑选上，非常严格，半点也不马虎。他常说，我们寄托着全族人对天地神灵的虔诚。

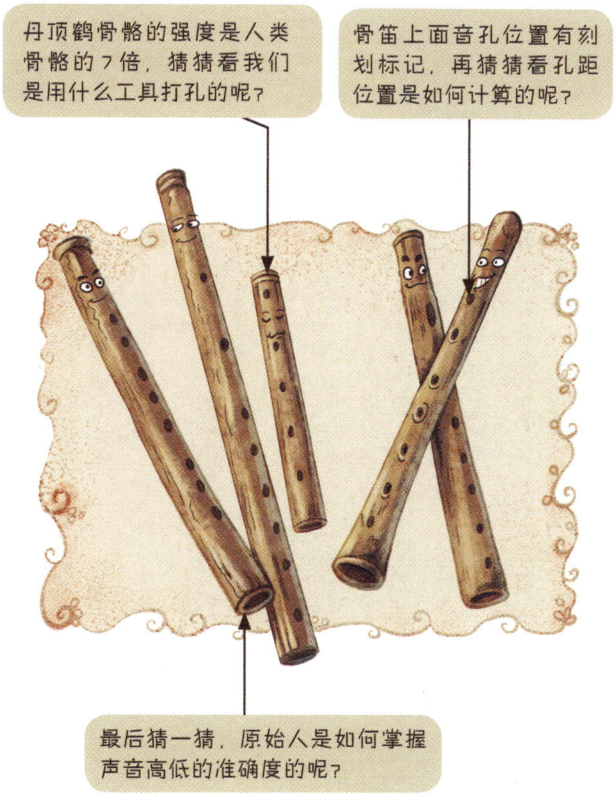

我的构造

我是原始人用丹顶鹤翅膀位置的尺骨制作出来的。我身上7个打磨出来的圆孔，虽然排列得不怎么整齐，但人们吹出类似“哆来咪发唆拉西”的七声音阶来，一点问题也没有。我的出现，不但改写了中国音乐史的起源，一不小心还成了世界笛子的“鼻祖”！

篆文	康熙字	楷书
笛	笛	笛

造字本义

形从竹，声从由。通过引导气流穿过竹管而发音。

现本义

靠振动竹膜发音的管乐器。

拉票环节

很多人认为咱们中华民族的音乐只有“哆来咪发唆”五声音阶，七声音阶是外来的。我一露面，这种不当的看法就消失了，而且，我还把“世界笛子鼻祖”的荣誉锁定在了中国！投我，投我！

国画的童年萌芽：

彩绘鹳鱼石斧图陶缸

什么？我有点丑？这么跟老年人说话，可有点不太礼貌。我见证了人类努力适应环境，生存进步的最初时光。仔细看，你们会发现我其实很耐看的……

我的档案

出生年代：新石器时代前期仰韶文化

籍贯：河南省汝州市阎村

现家庭住址：中国国家博物馆

身材：高 47 厘米，口径 32.7 厘米，底径 20.1 厘米

个性签名：中国画的开山鼻祖

知识小辞典

石斧：原始人磨制而成的重要武器和工具，斧体厚重，一般呈梯形或近似长方形，两面刃。既能用来砍伐和捕猎，也能用来搏斗杀敌。

我的家乡

我出生在今河南省汝州市纸坊镇的阎村，阎村南濒汝水，北望嵩山，平原坦阔，特别适合种植农业。别看现在不起眼，我们这里当时可是仰韶文化中晚期的一个重要部落聚集地。我们这里盛行二次葬，就是人死后先下葬，待血肉完全腐化后再把骨头拣出来，装进瓮棺正式埋葬，这样逝者的灵魂就可以安然进入另一个世界了。

阎村遗址：总面积 7.5 万平方米，有居住、墓葬和手工业遗迹带，出土文物多为石器、陶器。

汝州：自公元 606 年隋朝设立以来，距今已有 1400 多年的历史。

我的传说

在远古时期，黄河中游住着一个以鹳鸟为图腾的氏族，和一个以鱼为图腾的氏族。有一天，他们之间发生了矛盾，双方各不相让，一场战争就这样展开了。最后，以鹳鸟为图腾的氏族战胜了以鱼为图腾的氏族。胜利一方的部落首领死后，族人们为了歌颂和纪念他的功绩，就烧制出我用来安放他的骨骼和灵魂。

我的装饰

这场战争通过我完美地记录了下来。你们看，画面左侧的白鹳嘴上衔着一条大鱼，不但点出了各自的氏族，还表明了战争结果。画面右侧竖立的大石斧，就是胜利一方部落首领所使用的武器。

汉字王国

小篆	缸	隶书	缸	楷书	缸	行书	缸	草书	缸

造字本义

缶（缶，陶器）工（即“巨”，表示大），大型的陶制容器。

现本义

盛东西的器物，圆筒状，底小口大。

拉票环节

别看我的彩绘线条简单，却是目前中国发现最早、面积最大的一幅彩陶画。在国务院确定的 64 件不可出国展出的珍贵文物中，我排第一。投票，你们看着办吧。

中华第一龙：
红山玉龙

我不像你们印象中的龙？嗯，极有可能，5000多年前的人们更关心种在地里的东西能否顺利成熟，每天能否找到更多果实和猎到更多肉食。他们能造出我来，已经很不容易了……

我的档案

出生年代：新石器时代红山文化

籍贯：内蒙古赤峰市翁牛特旗赛沁塔拉嘎查

现家庭住址：中国国家博物馆

身材：高25.5厘米，曲长60厘米，直径2.2-2.5厘米

个性签名：上天，与太阳肩并肩

我的家乡

我的家乡在内蒙古自治区赤峰市翁牛特旗，翁牛特在蒙古语里是“神圣的山”之意。早在1万年前，这片土地上就有人类生存了，商、东胡、匈奴、乌桓、鲜卑、库莫奚、契丹、蒙古等都是从我们家乡走出去的少数民族。

西拉木伦河：西辽河北源，因红山文化史前文明早于黄河流域而被史学界誉为“祖母河”。建立辽国的契丹族就发祥于这一流域。

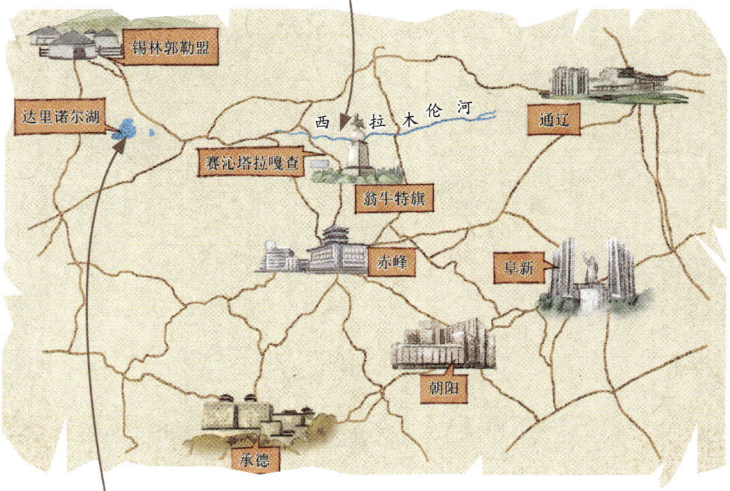

达里诺尔湖：封闭式半咸水的高原内陆湖，赤峰市最大的湖泊，内蒙古地区四大名湖之一。

我的形象

我由一整块碧玉圆雕而成，整体呈反“C”字形，头短嘴长，棱形眼，长发飘逸，落落大方。我低调的外表，让初见我的人都觉得不起眼，那是你们不知道当年“万人空巷见龙身”的轰动。至于我身上的孔，是为了高悬时首尾平衡而凿的，在当时也算高科技了。

我的来历

没错，我是虚拟中的神物。关于我在人们头脑中的最初形象，很可能就是天空中那一道道雷声和闪电（庄稼收成的好坏太需要大自然的照顾了）。人们认为我穿行在高高的云间，主宰着一切。为了表达他们的敬意和虔诚，就产生了我。最初的龙确实是像我这样质朴简单，不过，我的后世子孙们可是越来越漂亮、威武了。

我的意义

我们红山人对蛇非常崇拜，它们季节性的活动与人们春种、夏长、收秋、冬藏的行为非常相似，又入地而居，因此蛇被认为是土地和繁殖力的象征。再加上，那时候养猪业已经很发达了，猪是人们很重要的财产，于是我就成了猪首蛇身。红山人希望借我沟通天神，通过我传达请求天神庇佑大家丰衣足食的祈求。

我的地位

在我们生活的年代里，玉是通神最好的介质，因此只有最神圣、最尊贵的东西才可以用玉雕琢，以敬上天。我的出现让学者们找到了中国龙文化的源头，把眼光放到了中原以外的地区。咱们中国人一向以“龙的传人”而自豪，很荣幸，我和我的家族能成为中华民族的象征之一。

甲骨文		楷书繁体	龍
金文		楷书简体	龙
小篆			

知识小辞典

龙：中国及一些东亚国家传说中的神奇生物，为鳞虫之长，司掌兴云布雨，是风和雨的主宰，常被用来象征祥瑞。传说中龙有九子，各个不同，皆为神物。

造字本义

象形字，有雨从口中倾泻而下，闪电弯曲状可见。指传说中一种有鳞、有须，能兴云作雨的神异动物。

现本义

除本义外，也用来代指皇帝或比喻非凡的人物。

拉票环节

龙是咱们中华民族精神的象征，寄托了中国人对力量、希望和美好生活的憧憬。我可是咱们华夏民族的精神图腾！投我，准没错！

跨越千年的守护：
人头形器口彩陶瓶

嗯，是的，大眼睛、尖下巴、巴掌脸，尤其是我的齐刘海，5000 多年后还是这么流行。我们仰韶文化的审美确实很前卫，超出你们想象了吧？其实在我们那里，我并不算特别出色的，真的……

我的档案

出生年代：新石器时代

籍贯：甘肃省天水市秦安邵店大地湾

现家庭住址：甘肃省博物馆

身材：高 32.3 厘米，口径 4 厘米，底径 6.8 厘米

个性签名：爱我的人请举手

我的家乡

我的家乡甘肃省天水市秦安县，位于甘肃省东南部，是秦人和秦早期文化的发祥地，传说中华夏始祖伏羲和女娲诞生地。奔腾不息的渭河不但冲积出适宜人们居住和耕作的土地，还提供了优良的陶土。彩陶就是我们那里人表达自己情感和想法的一种载体，不但日常生活中离不开它，甚至安放灵魂也靠它。

大地湾遗址：中国新石器时代发现的较早的史前遗址，出土陶、石、玉、骨、角、蚌器等文物近万件，发掘房址 241 座。

大地湾博物馆：整体呈半地下式，主体部分曲折延伸到古河道。里面展示了最具代表性的文物 315 件，其中有 70 件国家级珍贵文物。

我的主人

我的主人是部落里的一位智者，遇上难以决断或不如意的事，大家都会来找她，而她也会尽其所能去帮大家解决。她喜欢听孩子们的笑声、年轻人欢快的歌声，喜欢看到老人们慈祥的脸，大家都发自内心地崇敬她，她也全心全意地守护着部落。可惜的是，思虑太过损害了她的身体，让她早早地就去世了。伤心的大家按她的样貌造了一个彩陶瓶，怀念她并安放她的灵魂。

我的样子

我的头圆雕而成，相貌为短发齐额，五官端正，鼻挺嘴小，目光深邃。主人生前最喜爱的彩色衣裙，被以橙黄、橙红和黑彩绘在我身上，就连耳朵上的穿孔也没忘记。主人有副深爱的漂亮贝坠，是一对兄妹送她的。

知识小辞典

彩陶：在打磨光滑的橙红色陶坯上，以天然的矿物质颜料描绘后入窑烧制而成，是中国最早将图案与器物造型相结合的原始艺术作品。

我的地位

在大地湾出土的上千件陶器中，我是唯一一件人像彩陶瓶。我集史前时期彩陶、雕塑、造型于一身，体现了先民们独特的审美和当时的社会风俗，是大地湾仰韶彩陶的代表。

彩陶船形壶

造字本义

会意兼形声字。甲骨文从阜，指山地，上下两人，表示有很多工人。本义指许多工人踩拌黏土，烧制瓦器。

现本义

除本义外，引申比喻教育、培养、喜悦等。

拉票环节

甘肃彩陶，代表着古代中国彩陶艺术的最高成就，而我，是“中国彩陶之乡”的骄傲，学者们由我窥见的是中国美术史的开端与审美的起源。投我，绝对合适！

与天地对话的神器：
嵌绿松石兽面纹铜牌饰

那个说我长得吓人的站出来！批评你？No, No，我要给你点赞。就你说对了，威严、冷峻就是我的面部特征，这跟我的使命有关。

我的档案

出生年代： 夏朝

籍贯： 河南偃师二里头遗址

现家庭住址： 中国社会科学院考古研究所

身材： 长 14.2 厘米，宽 9.8 厘米

个性签名： 行走人间的天使

知识小辞典

镶嵌铜牌饰： 一种主要流行于夏代的青铜器，以镶嵌绿松石为最大特征，是集铸造和镶嵌于一身的神秘艺术品。它对于研究中国文明起源具有重要的学术价值。

我的家乡

我的家乡河南省洛阳偃师市，因周武王东征伐纣胜利后，在此筑城休整军队而得名。它南屏嵩岳，北临黄河，原野平坦，河谷纵横，自古便为洛京畿辅之地。

二里头夏都遗址博物馆： 中国早期国家形成和发展研究展示中心。

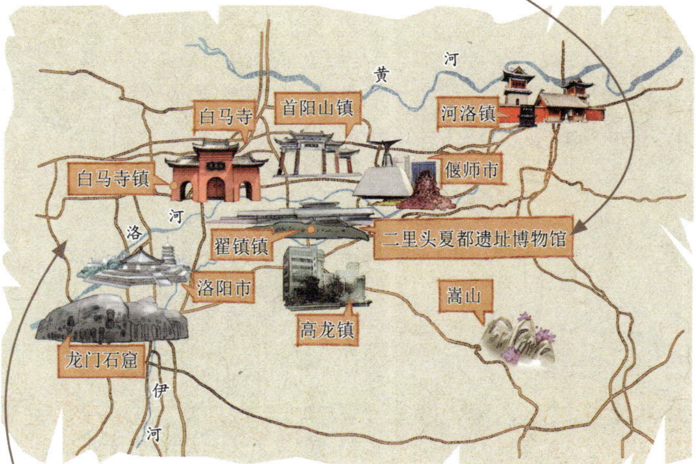

洛河： 古称雒水，黄河右岸重要支流。两河之间的地区被称为“河洛地区”，是华夏文明发祥地之一，河洛文化被称为中华民族的根文化。

我的朝代

我们是中国史书中记载的第一个世袭制朝代。二里头地区是我们古都斟鄩（zhēnxún）所在地。这里是公元前 20 世纪前半叶东亚最大的聚落，拥有迄今为止最早的青铜礼器群、青铜冶铸作坊、中国最早的宫殿建筑群，比北京故宫还大好几倍呢。

我的样子

我以青铜为质，身上被人们用两百多块形状各异的绿松石小片，铺嵌了一个饕餮纹图案。饕餮双目正圆，绿松石嵌目；上唇向内卷曲，对钩“T”形角，两角长而上延，卷曲似尾，威严十足。一般人见了我都不敢直视。

我的兄弟

我们目前一共兄弟十几个，但因为历史原因，大部分都在外国定居，以美国居多。国内除了我之外，还有两个兄弟，一个也在中国社会科学院考古研究所，一个在洛阳博物馆。提起兄弟们来，哎，好多年不见了，真想大家啊……

我的地位

我是中国最早的铜镶玉石器物，装饰是后世饕餮纹的先祖。因为我们是当时巫师用来沟通天地、宣扬教化的神物，就借用了猛兽的力量。绿莹莹的光泽增加了视觉上的压迫感，也突出了一种神秘和不可亵渎的意味。

我觉得老祖宗除了眼睛吓人，也没啥嘛，我可狰狞多了！

兽面纹

对老祖宗说话客气点，没有我，哪有后来的你们！

你知道吗？

饕餮纹是青铜器上常见的花纹之一，盛行于商代至西周早期，最早见于长江中下游地区的良渚文化陶器和玉器上。古人在自己想象的基础上，融入了自然界的猛兽特征，创造了它，它具有图案凶猛、凝重而神秘的艺术特色，反映了古人对大自然神灵的崇拜。

汉字王国

饕餮

小篆	饕	小篆	餮
隶书	饕	隶书	餮
楷书	饕	楷书	餮

造字本义

传说中的一种凶恶贪食的野兽，古代铜器上面常用它的头部形状做装饰。

现本义

除本义外，还比喻凶恶贪婪的人或贪吃的人。

拉票环节

史前兽面纹传承的不仅仅是神话，还有信仰。毫不夸张地说，我对于研究中国文明起源具有重要的学术价值，青铜器镶嵌工艺也是由我开始的。值得大家投我一票！

最早的记事本：

殷墟嵌绿松石甲骨

我外貌看起来是不怎么样，但架不住我身上的刻字和装饰耀眼呀。俗话说得好，人靠衣装马靠鞍，我好好跟你们说道说道。

我的档案

出生年代：商朝后期

籍贯：河南省安阳市殷墟

现家庭住址：中国社科院考古研究所

身材：长 26.5 厘米，最宽处 2.3 厘米

个性签名：因为刻骨，所以铭心

我的出生地

提起殷墟，那可大有来头。我们这里原称“北蒙”，盘庚迁都后改为“殷”，是商王朝后期的都城。我们这里先后出土甲骨约 15 万片，殷墟也因此而闻名于世。

殷墟王陵遗址：殷墟王陵遗址是殷商王朝的陵地与祭祀场所，被国际专家学者誉为世界“第二个古埃及”，它开创了中国帝王陵寝制度的先河，是我国目前已知最早、最完整的王陵墓葬群。

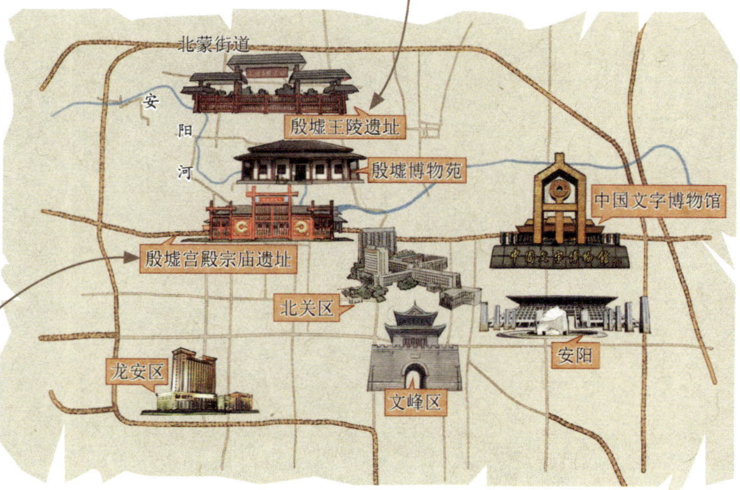

殷墟宫殿宗庙遗址：中国考古学的诞生地，甲骨文发现地。内有 50 余座宫殿、宗庙遗址。

我的朝代

自盘庚迁都于殷之后，商王朝先后经历了8代12位国王。具体记录的是哪位商王的打猎活动，我已经记不清了。在我们那个时代，信史、饮酒和敬鬼神是人们的三大爱好，事无巨细都记录在我们身上，我们知道得太多了。从这个角度上讲，中国最早的记事本非我们莫属了。

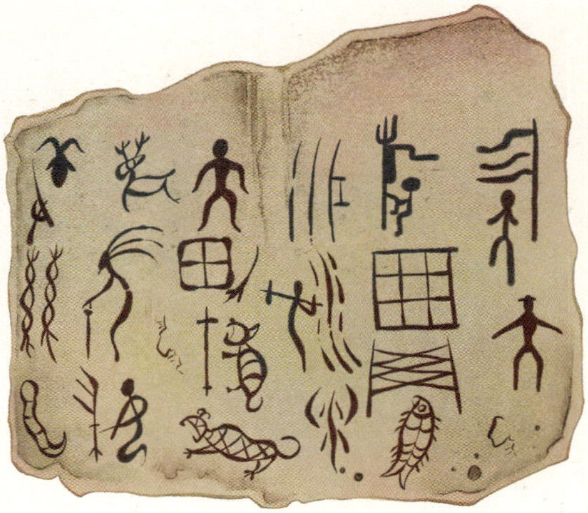

我的故事

我来自犀牛的一块肋骨。商王朝某年壬午日，商王去巡视一个叫召塞的地方，巡视归来后在麦山之麓田猎，捕获了一只凶猛的犀牛。为了纪念这一功绩，商王让人将此事刻在我身上，并嵌入了珍贵的绿松石，以彰显王权。

我的家族

我的家族成员整体上分为两大类，龟甲和兽骨。家族之所以如此繁盛，与商王诸事均占卜有关。在我们家族成员身上，记录着商王朝征伐、收成、渔猎、养育、嫁娶等几乎所有的事件。

我把我讲给你听

商王无事不卜，无日不占，这只是三千多年前某一天的记录。

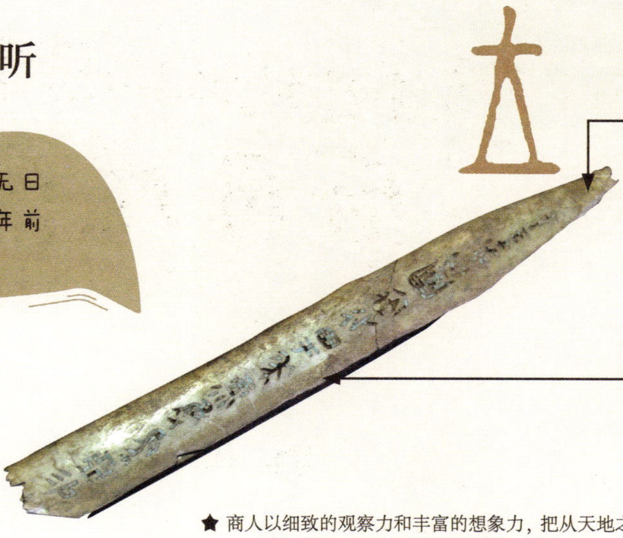

★ 商人以细致的观察力和丰富的想象力，把从天地之中所感、所想、所知，刻在龟甲和兽骨上，为中华文明的传承奠定了基础。

汉字王国

甲骨文		隶书	骨
金文		楷书	骨
小篆			

知识小辞典

甲骨文： 因镌刻、书写于龟甲与兽骨上而得名，是目前最早的成熟汉字，内容主要为占卜或记事的卜辞。现存15万余片，单字约4500个，目前释读出约2000个。

造字本义

象形字，本义指人或动物的骨骼，特指人的遗骨。

现本义

除本义外，引申指人的心、魂、品格或气质等，也可指事物内部起支撑作用的架子。

拉票环节

我是国内唯一一件文字镶嵌绿松石的甲骨，甲骨文是中国目前可见最早的成熟文字，蕴含天地之力，文明之灵。投我一票，不亏！

传递给妈妈的思念：后母戊鼎

说起我，话可就长了。依我这体型和个头，算是目前世界上最大的青铜器了。可是无论是我的名字，还是人们发现我，都颇费了一番周折……

我的档案

出生年代：商朝晚期

籍贯：河南省安阳市武官村

现家庭住址：中国国家博物馆

身材：长 110 厘米，宽 79.2 厘米；壁厚 6 厘米，连耳高 133 厘米

体重：832.84 千克

个性签名：体重让我快乐

我的出生地

我出生在河南省安阳市武官村，3000 多年前这里是商王朝的重要统治中心，商朝的皇室、王公、贵族基本都出生和埋葬于此。

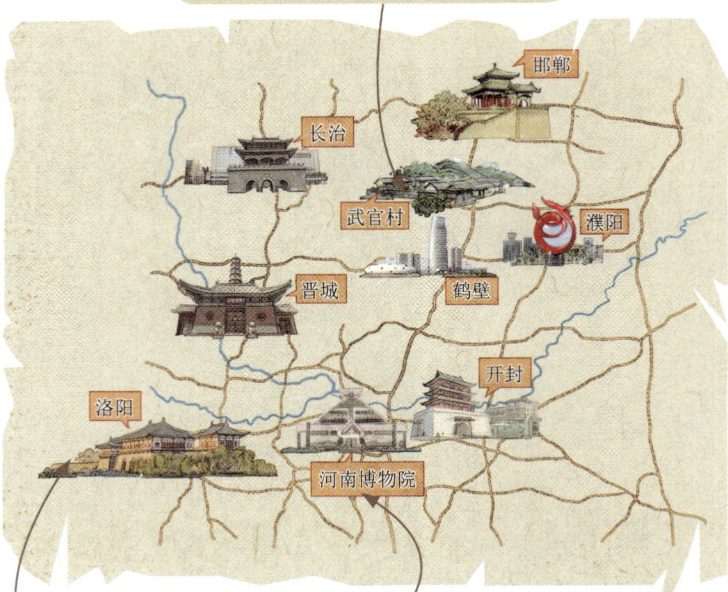

我把我讲给你听

★ 因为是国之重器，我被禁止出国展览，不得不说，不能出去见见世面是我的一大遗憾。

我的主人

我的主人是妇姘（jìng），“戊”是她死后在太庙立室奉祀时的名号。她是商王武丁的三位王后之首，生前是一位农业专家，尤其擅长种黍，身份极其尊贵。她死后，为祭祀她表达思念之情，她的儿子命人制造了我，我的名字解释出来就是“献给敬爱的母亲”。

我的名字

我的名字“司母戊（wù）”就刻在腹内壁，最初给我起名的郭沫若先生认为“司”即祠（祭祀），就是“祭祀母亲戊”，于是我就叫“司母戊鼎”。几十年后，专家们对商代文明有了新的认识，认为“后”有“受人尊敬”的意思，用在这里更合适。于是，我就改了现在的名字。

我的来历

1939 年 3 月，我被当时寻找甲骨文的河南安阳武官村村民吴培文和家人无意中挖了出来，为了不惊动当时的侵华日军，村民们把我埋进了吴培文家的院子里。不幸的是，消息还是很快走漏了出去，我被贪婪的日军盯上了。为了保护我不被抢走，大家想尽了办法，甚至最后用一个假的替代了我。吴培文也不得不在外面躲避了 8 年之久。

1946 年我重见天日，一出来透气，就轰动了全国。1949 年蒋介石还想把我运到台湾去，多亏了我的个头和体重过大，这事才没有办成。后来，我就在中国国家博物馆安家了，2005 年我回安阳“省亲”时，85 岁的吴培文老先生摸着我哭了，看着他的白发，我心里也很难过。

造字本义

三根立腿，两只提耳，是用来烹饪食物、调和五味的器具。

现本义

同本义，亦有显赫或变革之意。

我的工艺

众所周知，我体形庞大，都可以给马做食槽了，没有起重机帮忙，谁也搬不动我。铸造时，要先用陶范分别铸出不同的部件，最后再合铸为一个整体。造我的金属原料超过1000千克，铸造时需要二三百个工匠同时操作，密切配合。我身上人面纹、饕餮纹、猛虎纹、鱼纹和蝉纹，无不栩栩如生，让人望而生畏。

你知道吗？

鼎是中国古代炊食器之一，相当于现在的锅，是古代中国用以烹煮肉和盛贮肉类的器物。青铜鼎还是祭祀天地和祖先的重要礼器。夏朝以后，鼎逐渐成为王权象征、立国重宝及用来旌表功绩或记录重大事件的重要载体。

拉票环节

我是迄今世界上发现的最大、最重的青铜器，也是河南安阳殷墟独特的符号，反映了商代冶铸技术的高超。恳求大家，为“国之重器”投一票吧！

女将军的酒器：妇好鸮尊

确实威风凛凛吧，在商朝，我可是最受崇拜的“神鸟”，是“战神”的化身。啥？做酒器屈才了？你们知道啥，我能为心目中的女神做点贡献，幸福着呢。

我的档案

出生年代：商武丁

籍贯：河南省安阳市妇好墓

现家庭住址：河南博物院

身高：46.3 厘米

个性签名：女神最强，不服来战

知识小辞典

酒器：饮酒用的器具。古时按用途不同，可分为贮酒器、盛酒器和饮酒器三类。商朝因为青铜制造技术的提高，成为青铜酒器的鼎盛期。

我的出生地

我的家乡安阳位于河南最北部，历史上先后有七个王朝在此建都，是中国八大古都之一。自商王盘庚迁都于此后，我们就一直享受着商王朝的政治、经济、文化、军事中心的荣光，因此也造就了“甲骨文的故乡”和“周易的发源地”。

殷墟妇好墓：殷墟宫殿宗庙区，是殷墟科学发掘以来发现的、唯一保存完整的商代王室成员墓葬。

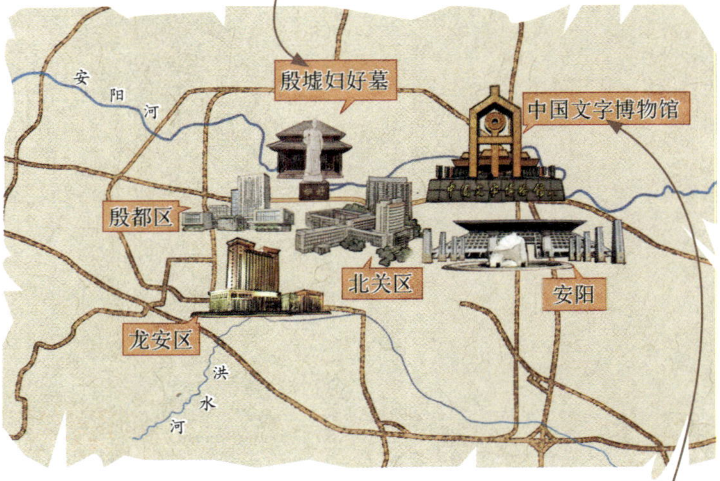

中国文字博物馆：中国首座以文字为主题的博物馆，以古汉字符号为独特视角，反映东方华夏文明与中国语言文字的研究成果。

我的主人

提起我最仰慕的女神，我就激动！妇好是王后、大祭司、女战神，她文武双全，年轻貌美，深受我们大王武丁的喜爱。她英勇无比，逢战必胜，待人和善，大家都很崇敬她。能成为她的专用酒具，为她服务，是我这辈子最骄傲的事。

我的构造

我啊，圆眼宽喙，小耳高冠，双翅贴身，粗壮的两足与宽尾形成一个稳定的支撑组合。为了显示出我的威武，好与我的主人地位相匹配，我身上装饰了很多猛禽异兽。看，兽首鋬，蝉纹喙，颈侧踞双头夔，颈后伏饕餮，两翅盘长蛇……

我的意义

“急行无声，击如迅雷，击而必中。”这是女神的行军准则，与我原本的猛禽性子非常相似：勇敢机警，克敌制胜。当我盛满美酒时，不但凝聚了商王武丁对妇好的尊重和宠爱，也传达了妇好祭祀天神和祖先时的虔诚。

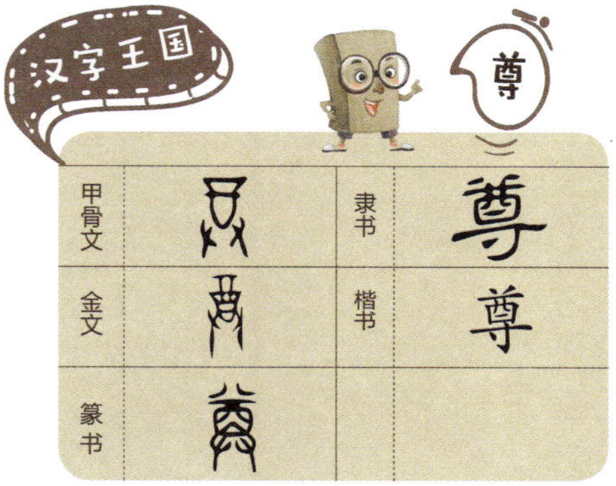

造字本义

象形字，双手捧着酒器，向人敬酒。

现本义

表示地位或辈分高、敬重之义或用于量词。

拉票环节

我是迄今发现最早的鸟形酒尊，是中国历史上第一位女将军妇好的代言人。投我，你不亏！

金乌负日的传说：太阳神鸟金箔

还好，这里没啥风，要不我都不敢出来，真会吹跑滴的。那位，你捂眼干什么，闪着了？噢，不好意思，我就是一轮被神鸟托起的太阳，耀眼是正常的……

我的档案

出生年代：商

籍贯：四川省成都市金沙遗址

现家庭住址：金沙遗址博物馆

身材：外径 12.53 厘米，内径 5.29 厘米，厚度 0.02 厘米

体重：20 克

个性签名：我的温度你试不起

我的出生地

我出生在四川省成都市城西金沙村，我们这里曾经是长江上游古文明中心，古蜀王国的都城所在地。由于附近河谷砂金丰富，所以在我们古蜀国，黄金制品远超青铜器，这点跟中原风俗刚好相反。

成都大熊猫繁育研究基地：是在成都动物园饲养、救治、繁育大熊猫的基础上建立起来的，目前已成为中国乃至世界知名的大熊猫等珍稀濒危野生动物保护研究机构。

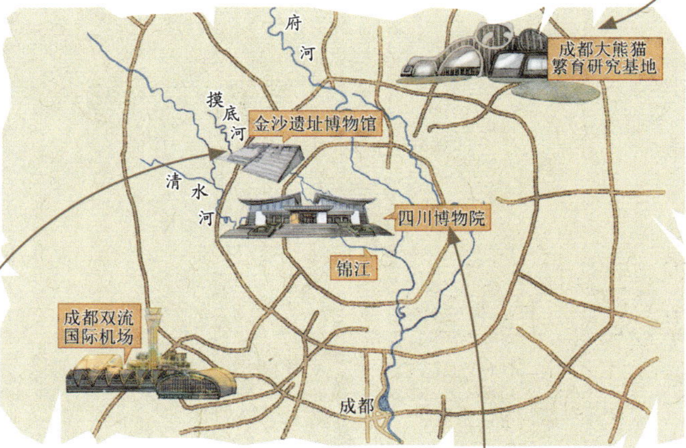

金沙遗址博物馆：由分布在摸底河南北两岸的遗迹馆和陈列馆组成，内有金器、铜器、玉器、石器、漆木器、陶器、象牙等馆藏 2000 余件（套），其中一级文物 366 件（套）。

四川博物院：西南地区最大的综合性博物馆，现藏文物 26 万余件（套），其中珍贵文物 5 万余件（套）。

我的来源

自古以来，太阳就是我们不可或缺的。古蜀国的雨水远比现在多，为了使出穗后的稻谷能健康生长，我们对于金色、温暖的阳光极为渴望。我们认为只有神鸟才能接近炽热的太阳，在神圣的祭祀场合，我就是那颗最虔诚的心。

我的发现

我是在古蜀国一处专用的滨河祭祀场所中被发现的，除了排列整齐的 9 个柱洞外，一起出土的还有6000余个金、铜、玉、石、漆木器伙伴。至于那些成吨的象牙、数千枚野猪獠牙和鹿角，跟我们是差着等级的。

我的样子

我整体呈圆形，薄薄的器身还分内外两层，镂空出不同的图案：内层为一圆圈，周围等距分布有十二条顺时旋转的齿状光芒；外层则由逆飞的四只鸟组成。四鸟首足相接，飞行方向与内层漩涡相反。远远地看，像不像一幅现代剪纸？

我的意义

关于我的意义，猜测可多了：有说旋转的火球是太阳神，四只鸟是太阳神的四位使者，代表着东南西北四个方位；有说中间是太阳，外面是四只托负太阳运行于天的神鸟；还有人说首尾相接的四鸟代表四季循环，十二道金芒代表着十二个月。我啊，只知道自己是3000年多前古蜀国河边盛大祭祀的主角之一，其他，什么都不能说……

汉字王国

甲骨文		隶书	鳥
金文		楷书简体	鸟
篆书			

造字本义

象形字，古指尾羽长的飞禽。

现本义

脊椎动物的一大类，全身有羽毛，一般都会飞。

知识小辞典

金乌：亦称“赤乌”，太阳别名，是中国古神话中的神鸟之一。传说太阳里有三足乌鸦，蹲踞在红日中央，因周围是金光闪烁的“红光”而得名。

拉票环节

我是古蜀国黄金工艺辉煌成就的代表，中华文化遗产标志之一。投我准没错！

西周王朝的君臣之道：毛公鼎

哎，太过耀眼也不是件好事，凡见到我的人无不贪欲横生，用尽心机地要把我据为己有，结果导致我的这一辈子啊，颠沛流离，一言难尽……

我的档案

出生年代：西周晚期

籍贯：中国宝鸡市岐山县董家村

现家庭住址：中国台北故宫博物院

身材：高 53.8 厘米，腹深 27.2 厘米，口径 47.9 厘米

体重：34.7 千克

个性签名：学书不学我，识遍天下也枉然

我的家乡

我的家乡陕西省宝鸡市岐山县是咱们华夏人文始祖炎帝生息之地和周文化的发祥处，因境内有“岐山”而得名。黄帝时的名医岐伯就是我们这里的人，商朝末年，周部落迁到岐山一带，在此逐渐发展壮大起来。

周公庙遗址：有“西周殷墟”之称，面积约 8 万平方米，是目前所知最高等级的大型西周墓地。

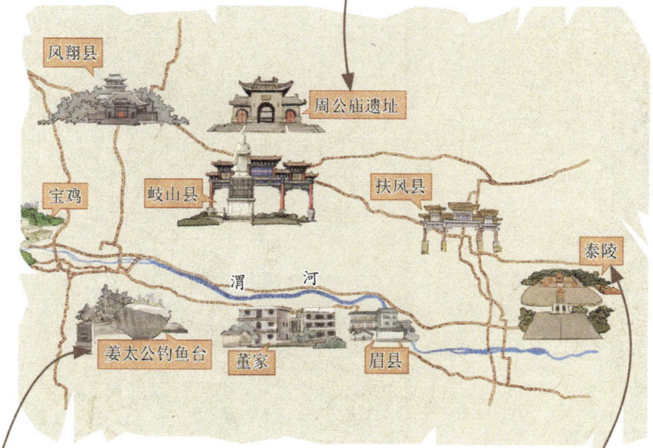

姜太公钓鱼台：相传为周初名臣姜太公隐居垂钓、周文王访贤与之相遇的地方。三国时称箕谷，为古代关中通往巴蜀的孔道之一。

泰陵：又名杨陵，是隋文帝杨坚与文献独孤皇后合葬陵墓。

我把我讲给你听

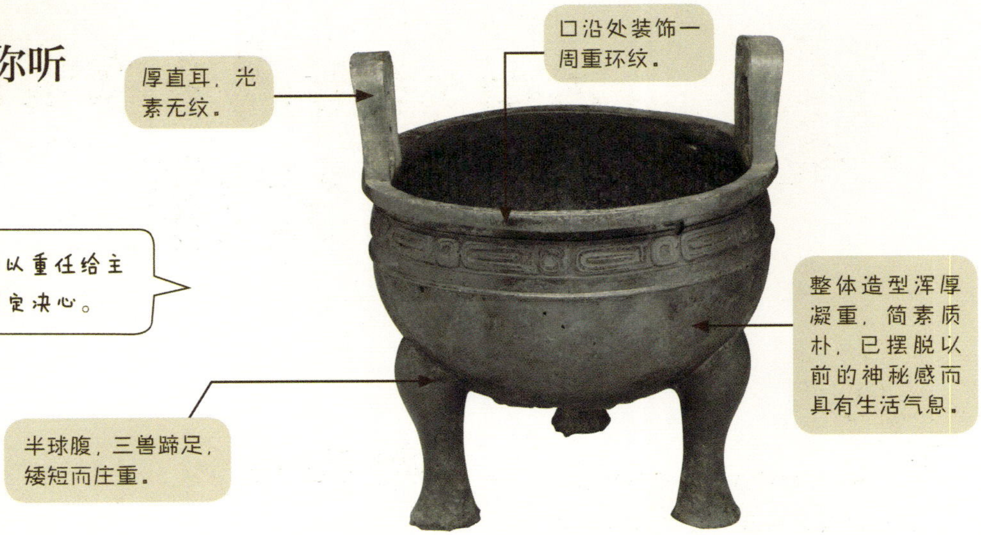

我表明了周宣王委以重任给主人，力求革新图治的坚定决心。

★ 因为清末出土，我被誉为晚清“四大国宝”和“海内三宝”之一。

我的主人

周宣王继位后，吸取父亲周厉王的教训，励精图治，重用有才干的大臣，我的主人毛公就是其中一个。主人名厝（cuò），是周文王的儿子、周武王的弟弟毛叔郑之后。

我的来历

众所周知，《尚书》是儒家核心经典之一。在我身上，刻着一篇被誉为“抵得一篇尚书”的铭文，共 499 个字，讲述了周宣王委任毛公管理内外事务，告诫勉励毛公要忠心辅佐，并赏赐了他很多器物的史实。毛公非常感恩，特造了我以示纪念，传世永存。

我的经历

1843 年我被董家村村民董春生从地里无意间挖出来，一古董商行贿知县把我从县府悄悄运走。几经转手，1852 年，收藏家陈介祺以白银千两购得我，藏入密室。后又到两江总督端方家里。端方死后，我接着流浪，最后归北洋政府官员叶恭绰。为了保护我不被日本人搜走，叶家人九死一生。后来，叶家落魄，把我典押了出去，要不是富商陈永仁出资，我可能就得流浪国外了。1946 年，陈永仁将我捐献给了国民政府。

造字本义

会意字，“厶”表示“公有物”，“八”表示“切分符号”，表示“把猎物分配给氏族的每个成员”。

现本义

由平分引申出公共、共同之意。古时也指爵位之第一等和尊称祖先、长辈。

知识小辞典

铭文：古人在青铜礼器上加铸的文字，内容有铸造该器的缘由、所纪念或祭祀的人物等。后泛指在各类器物上特意留下的记录，如该器物制作的时间、地点、工匠姓名、作坊名称等。

拉票环节

我是研究西周晚期政治史的重要史料，铭文字体也是上古书法古典美的代表。所以，请投我一票吧！

来自神灵的凝视：
三星堆青铜立人像

看你们一个个仰着的头，就知道我被称为“东方巨人”绝非浪得虚名。我 3000 多岁了，看淡了敬畏和生死，但觉着现在的一切都很新鲜……

我的档案

出生年代：商朝晚期

籍贯：四川广汉市三星堆遗址

现家庭住址：广汉三星堆博物馆

身高：人像高 172 厘米，通高 262 厘米

体重：180 千克

个性签名：就算遇过最神秘的 UFO，也不一定见过我的最炫中国风

我的出生地

我出生在四川德阳广汉市西北的鸭子河南岸，我们这里是成都的北大门，是早期古蜀国的政治、经济和文化中心。因为我和伙伴们的被发现，这里也被誉为“长江文明之源”。

三星堆遗址：20 世纪人类最重大的考古发现之一，迄今在西南地区发现的范围最大、延续时间最长、文化内涵最丰富的古城、古国、古蜀文化遗址。

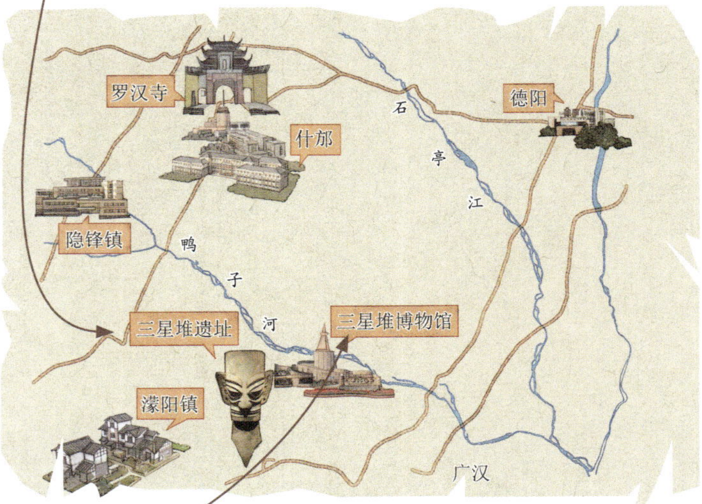

三星堆博物馆：是一座现代化的专题性遗址博物馆，集中收藏和展示三星堆遗址及遗址内一、二号商代祭祀坑出土的千余件珍贵文物。

我的所属

我来自神秘的古蜀，这里的人民先后经历了五位先王的统治，分别是蚕丛、柏灌、鱼凫、杜宇、开明。别看我们国家小，我们也曾参与了周武王伐纣王的战争，一度成为雄踞西南的大国。战国时，因与秦国争雄而被灭国。

我的样子

我挺鼻、粗眉、凸眼、大嘴，眼睛呈杏状，大大的耳朵上有穿孔，用来挂我很帅气的耳饰。我头上戴的是代表日神的莲花状高冠，上面饰着兽面纹和回字纹。右衽套装和瘦酷的连肩衣，衬托了我的高大，粗壮的胳膊和手是有点夸张，但它们可是象征着舞动法器和举行仪式的超凡力量，我个人对此非常满意。

我的伙伴

我们是一个有着 50 多人的团队。总有人说我们表情太过单一，过于凝重。要知道，我们是有着特殊身份和使命的一群人，我们代表的是神权和王权，当然要严肃得多。啥？金面使者？对，我们中还有 4 位戴着黄金面罩的伙伴，他们的身份更为特殊，平时大家都不敢跟他们多说话。

我的地位

关于我的地位，外界有几种猜测：一种认为我是古蜀王蚕丛的代表；一种认为我是古蜀神权领袖代表，即最高巫师；还有人认为我不是神的代表，而是代替人牲的祭祀工具。其实，我既象征着天神、地祇、祖先，也代表着国王和巫师，是能沟通天地的领袖人物。

你知道吗？

被誉为“20世纪人类最重大考古发现之一”的三星堆遗址，在一、二号坑发现35年后，又于2021年3月新发现6座三星堆文化“祭祀坑”。媒体报道、直播分享，在国内掀起了三星堆的“考古热”，黄金面具、大口尊、青铜神树、丝绸遗痕……500余件文物成功让三星堆成为“考古界顶流”。

汉字王国

甲骨文	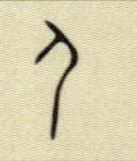	隶书	人
金文		楷书	人
小篆	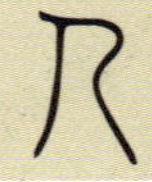		

造字本义

象形字，躬身垂臂的劳作者。

现本义

能制造工具并使用工具进行劳动的高等动物。

我们的祭祀

在我们那个时代，祭祀可是头等大事，这点和中原殷商王朝一样。但不同的是，我们不会将无辜可怜的奴隶和冰冷无情的兵器奉献给神，而是尽我们所能，奉上最令神满意的青铜、玉石制品及灵兽的角牙。

知识小辞典

青铜： 金属冶铸史上最早的合金，即在纯铜（紫铜）中加入锡或铅，使其具有熔点低、硬度大、可塑性强且化学性质稳定等特性。青铜被发明后，人类历史就进入了一个新的阶段。

拉票环节

沉睡三千年，一醒惊天下。再郑重申明一下：我不是外星人，我是中华文明的一分子。坚信自己，投我一票！

千古第一剑：
越王勾践剑

咳，咳，咳！关于我一出场就“滴血认主”这事，你们不要瞎八卦。我确实是差点划破了一位考古队员的手指，但那不是故意的，谁让我是上古神兵呢……

我的档案

出生年代：春秋后期

籍贯：湖北省江陵县望山一号墓

现家庭住址：湖北省博物馆

身材：通长 55.7 厘米，宽 4.6 厘米，柄长 8.4 厘米

体重：875 克

个性签名：我不当大哥很多年

我的发现地

我出生在湖北省荆州市江陵县望山。春秋战国时，这里是楚国的国都所在地，是当时中国南方最大、最繁华的都会。不过，我的祖籍不在这儿，为什么会来楚国，年代久远我已经想不起来了。

荆门市：历史文化名城，素有“荆楚门户”之称，境内有世界文化遗产——明显陵，以及楚汉古墓群、屈家岭文化遗址等文化古迹。

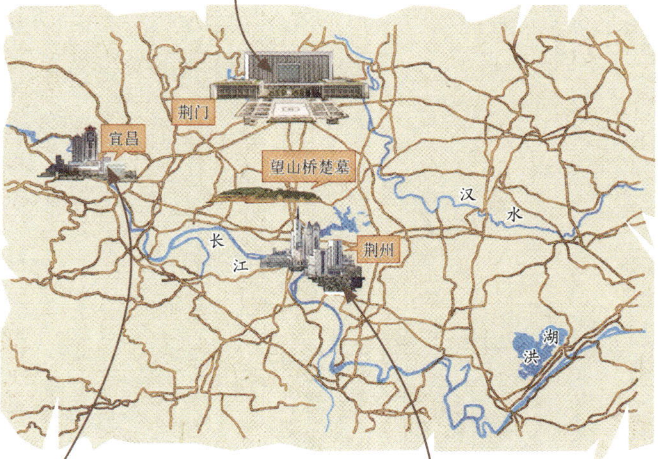

宜昌市：古称夷陵，以“三国故地”“世界水电之都”著称，历史文化遗迹众多。

荆州市：古九州之一，楚文化发祥地，长江自西向东横贯全市，先后有 6 个朝代、34 位帝王在此建都，出了 138 位宰相。

我把我讲给你听

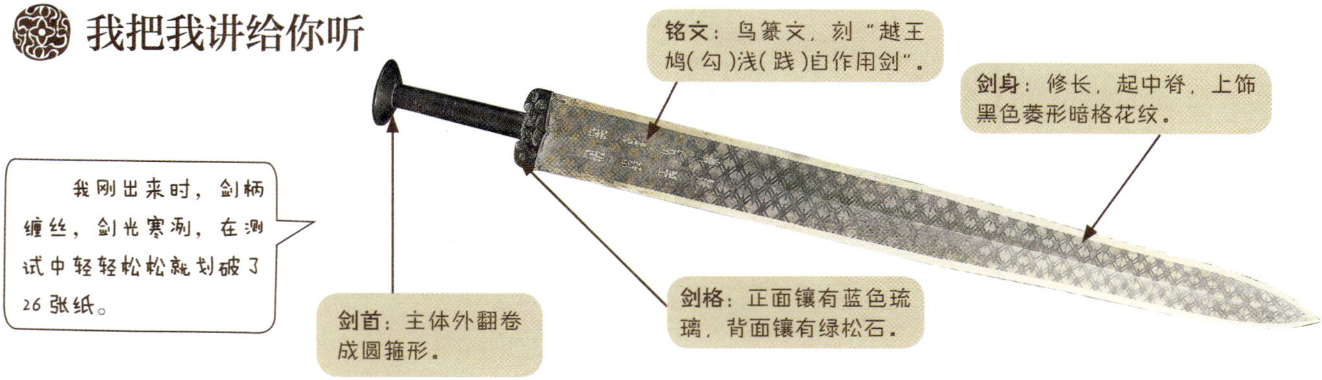

★ 我体现了当时短兵器制造的最高水平，被誉为“天下第一剑”。

我的主人

我的主人就是成语“卧薪尝胆”的男主角，春秋霸主之一——勾践。他可是夏禹的后裔，性格坚毅，从善如流。为了复国，他愿意放下身段，忍受三年耻辱，最终灭了吴国，让越国跻身强国之列。我的主人由此成为中华民族不怕失败、敢于拼搏的代表之一。

我的来历

说起来，我是越国人，楚灭越后被带进楚国的。我的母国在现在的扬州之地，始祖为夏少康帝的庶子无余，到秦一统天下，存世了1800余年。由于我们那里河流密布，水网纵横，两军对垒时无法像中原地区一样使用车战，对水军和陆军的近战能力就要求很高。但吴越地区铜矿资源紧缺，我们就只把这种珍稀资源用来制造兵器，所以春秋战国时的青铜剑以越国的最为锋利，工艺最高超，你们仔细瞧瞧我就知道了。

我的构造

我是复合剑，剑身和剑刃是由不同配比的青铜合金分开铸造的，剑首上有11道同心圆，剑身上布满了菱形的暗格花纹。可别小看这三样工艺，这可是“吴越青铜剑三绝”，这种装饰只出现在少数身份和地位很高的人的佩剑上。就算是在科技发达的现代，能达到这种工艺也不容易。

近剑格处刻的鸟篆铭文“越王鸠（勾）浅（践）自作用剑”，是我的身份证明。

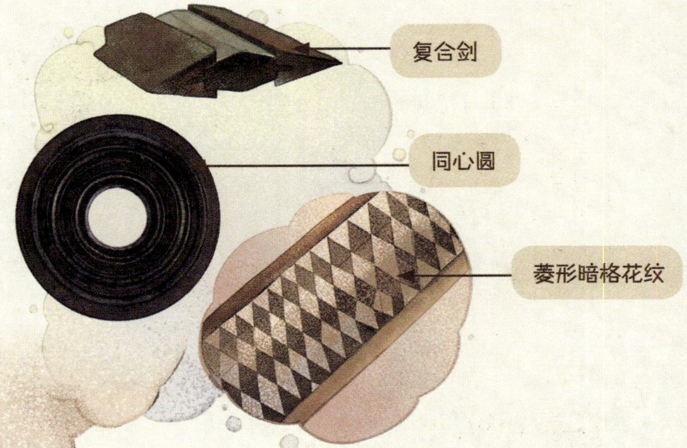

我的地位

2500 多年过去了，我依然固守着自己的初心，“天下第一剑”的美誉我受之坦然。担心受到损伤，出土后我一直在中国国内“藏而不展”，只逢重大场合，我才出来露脸跟大家见面。海外我也只借展过三次，1993 年因在新加坡展出受损，从此我就再也不出国了。

如今，作为镇馆之宝，我就静静地待在家里，接待慕名而来的各地客人。

汉字王国

金文		隶书	劒
战国文字		楷书繁体	劍
小篆		楷书简体	剑

造字本义

形声字，从金，佥（qiān）声。本义指随身携带的、呈长条形的双面有刃的兵器。

现本义

除本义外，还引申为动词，指用剑杀人。

知识小辞典

剑：古代冷兵器之一种，被称为“百兵之君”。金属制，早期是匕首样式，有单刃和双刃之分。春秋末年开始流行长剑。东汉后渐变为装饰品。

拉票环节

君王剑，不出则已，出则必使天下归服。不投我投谁？！

超级音乐发烧友的宝贝：
曾侯乙编钟

诸位，诸位，别吵吵了，还是先听听我的故事吧。我可是现今世界的“编钟之王”，我的曲尺型架构、一钟双音、3755字的错金铭文，可是代表了当时人类社会的音乐巅峰呢。

我的档案

出生年代：战国

籍贯：湖北随州擂鼓墩

现家庭住址：湖北省博物馆

身材：长钟架长748厘米，高265厘米；短钟架长335厘米，高273厘米

骨架：共65件，19枚钮钟、45枚甬钟和1枚镈钟

体重：2.5吨

个性签名：只有我最摇摆

我的出生地

位于随州市城关西北2.5千米，为古随（曾）国领地。因我的主人曾侯乙墓葬的发掘而被称为“古乐之乡”。我的国家在古时地位很重要，是帮助周王朝在江汉地域控制铜资源运输，遏制楚国等中原以南各部落扩张的战略要地。

擂鼓墩古墓群：位于湖北省随州市的西北郊，为战国早期曾国墓地，已经探明的古墓有70多座，以1978年发掘的曾侯乙墓为最大。

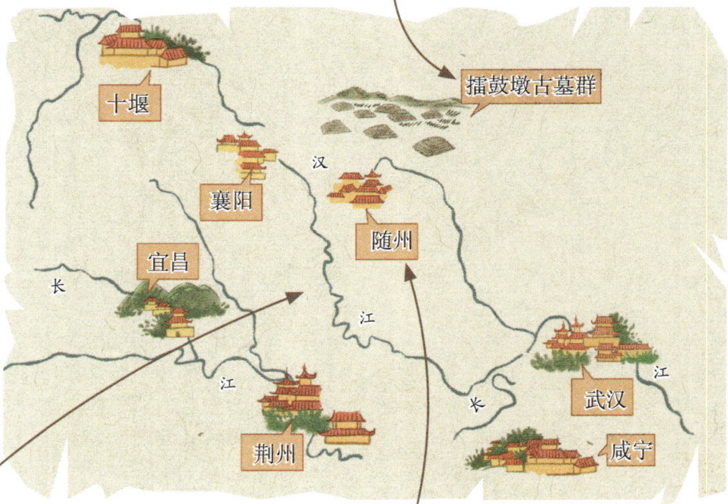

汉江：长江最大的支流，在历史上常与长江、淮河、黄河并列，合称“江淮河汉”。

随州：位于湖北省北部，古称“汉东之国”，素有“汉襄咽喉”之美誉，是中国历史文化名城。

我把我讲给你听

★ 我代表了中国先秦礼乐文明与青铜器铸造技术的最高成就，对考古、历史、音乐、科技等多个领域都产生了巨大的影响。

我的主人

曾侯乙（约前463－前433在位），战国时期曾国国君。他可是位擅长车战的军事家，也非常热爱音乐，对乐器制造和音律研究非常在行。看，陪他一起下葬的就有8种125件乐器，1714件附构件和12件击奏工具，他是个不折不扣的“超级音乐发烧友”。

我的时代

我们老祖先是西岐人南宫适，姬姓，西周著名的贤者和重臣。帮助周王朝灭亡商朝之后，老祖先被封为首任曾侯，统治中心就在今湖北随州。当时的曾国地位很重要，是周王朝在江汉地域控制铜资源运输和遏制楚国等中原以南各部落扩张的重要屏障。春秋时，我们一度还是汉东诸国对抗邻居楚国的盟主呢，可惜邻居楚国越来越强，在威压下，我们不得不低头求和，战国末期楚国却毫不留情地把我们吞并了，我们就与厉国和唐国一起变成了今湖北古随县的一部分。

我的身份

作为重量级的国宝，我可不轻易露面噢。在国内，我只奏响过三次。

第一次是出土后的 1978 年，我演奏了《东方红》《国际歌》等中外名曲；

第二次是 1984 年为庆祝新中国成立 35 周年，我在中南海怀仁堂，为各国驻华大使演奏了古曲《春江花月夜》及中外名曲；

第三次是 1997 年，为庆祝香港回归，我在著名音乐人谭盾的主持下演奏了《交响乐 1997：天·地·人》。

我还是中国文化的友好使者，已经去过世界 20 多个国家和地区了，凡是见过我面，听过我发声的观众都为我深深着迷。

你知道吗？

在等级森严的古代中国，编钟不仅是为了奏乐，还是先秦礼乐制度中等级和权力的象征。《周礼·春官·大司乐》中制定了严格的音乐等级制度：“王的乐器数量、规格和陈列，可以按东、西、南、北四面悬挂和安置；诸侯则三面悬钟、磬；卿大夫排成两面；次于卿大夫的只能悬挂一面。”

身份尊贵的我是不会轻易出场的，我的出身注定了我的不同凡“响”。

知识小辞典

编钟：兴起于西周，盛行于春秋战国直至秦汉。它由大小不同的青铜钟按照音调高低次序排列，悬挂在钟架上，以敲击的方式进行演奏。

汉字王国

金文	鐘	楷书繁体	鍾
小篆	鐘	行书	鐘
隶书	鐘	草书	鍾

造字本义

形声字，金文由金（金属，示义）和童（被刺瞎双目的小奴隶，示声）组成，表示古人贵族或官宦人家由小盲奴侍击的金属报时器，以杵撞击时发出有穿透力的洪亮的“咚咚”声。

现本义

声音洪亮的金属打击乐器或金属制的盛酒器皿。

拉票环节

不客气地说，我是稀世珍宝，我是大型打击乐器，我改写了世界音乐史。在地下沉睡了2000多年的我，一出土便用尘封不住的精美震惊了这个世界。所以，请投我一票吧！

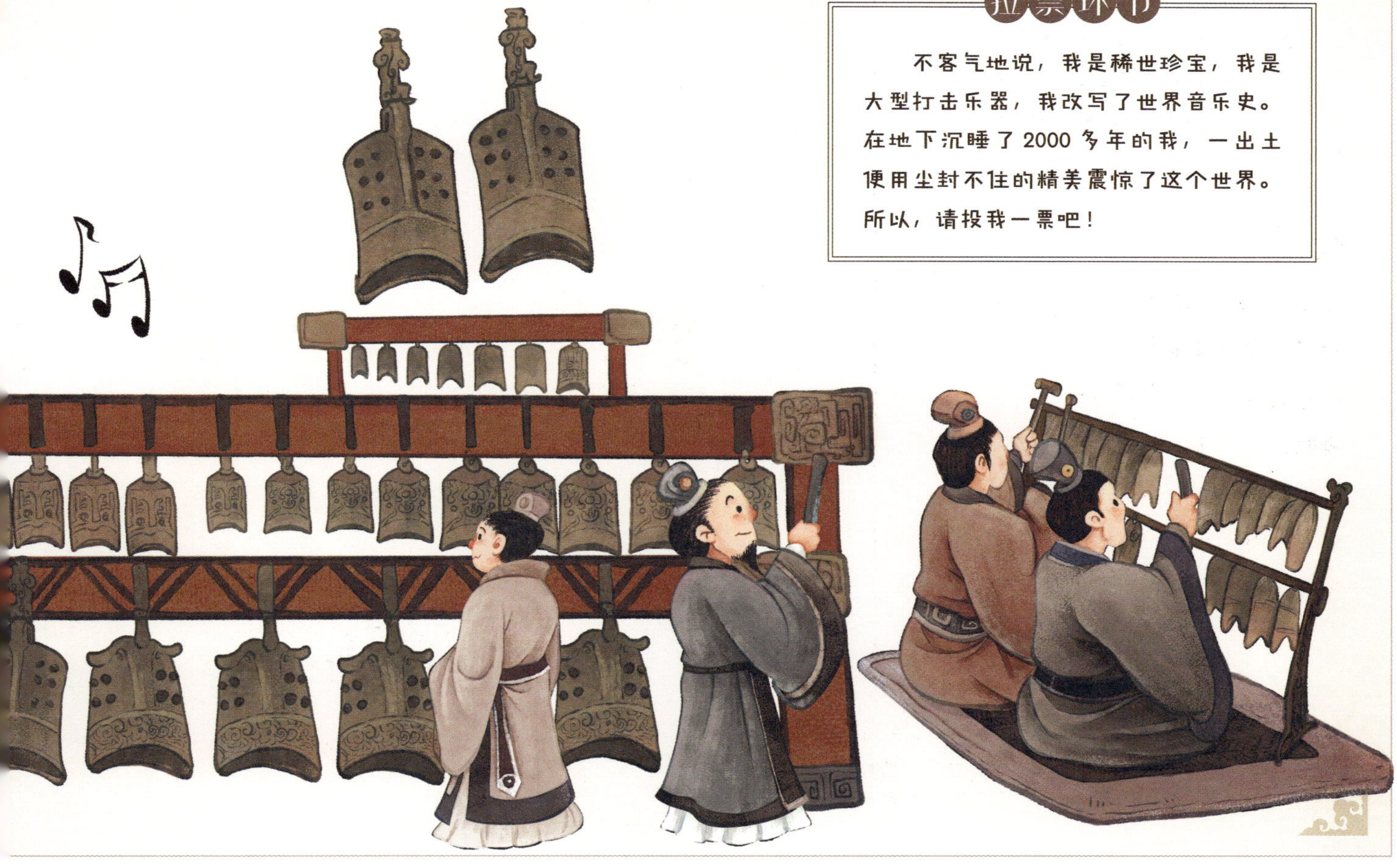

统一的秘密：

商鞅方升

撇嘴了吧，觉得我没纹饰不炫酷，平淡无奇一身锈，哈哈，无所谓，我都习惯了。作为度量衡"统一"的老祖之一，我由偶像商鞅亲自督造，是见证他永垂青史的最重要证物……

我的档案

出生年代：战国秦

籍贯：陕西蒲城县

现家庭住址：上海博物馆

身材：全长 18.7 厘米，宽 7 厘米，内口长 12.5 厘米，高 2.3 厘米

体重：0.69 千克

个性签名：我是粉丝，我为偶像代言

我的家乡

我的家乡蒲城在陕西关中平原东北部，古称"重泉""南白水"，夏商属雍州，周封贾国，春秋属晋，战国初属魏，后隶秦，已有3000多年历史了。知道吗，"北京时间"的发播并不在北京，而在我们这里。

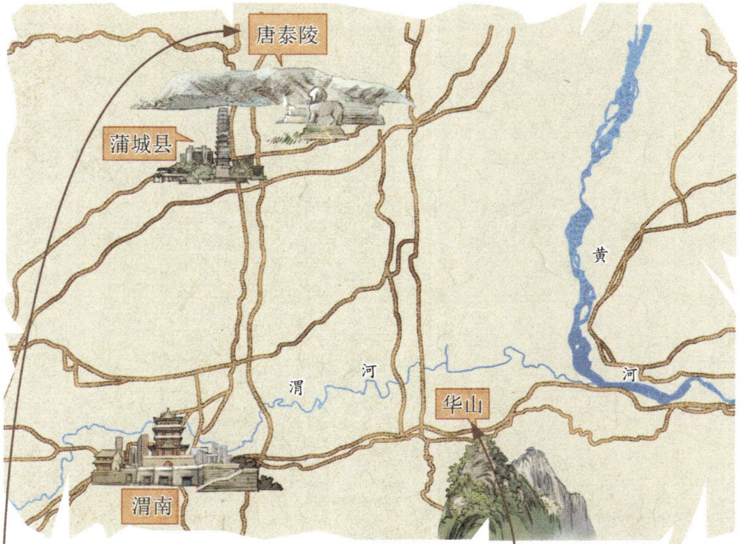

唐泰陵：玄宗李隆基和元献皇后杨氏合葬墓地，以金粟山为陵，山腹中建造墓室，四周绕陵筑墙。还有附葬宦官高力士陪葬墓。

华山：位于陕西省渭南市华阴市，自古有"奇险天下第一山"之称。

我的偶像

我的偶像商鞅是卫国皇族后裔，遇到知己秦孝公是他一生中最幸运的事。没有秦君的全力支持，他的法家思想就没地方施展，我们秦国也不会从一个边陲小国强大到去中原争霸，并最终在秦王嬴政手里一统天下。

我的样子

我身体呈长方形，一侧有中空柄，其余三侧及底面皆刻有铭文。在我们那个年代，大家交换商品和国家征收农业赋税，国家级标准量器就是我。

我的来源

公元前 344 年，齐国派遣一支由卿大夫组成的交流团来我们秦国访问，双方商议的事件里就有关于度量衡变革统一的问题。同年年底，商鞅就在蒲县（当时叫重泉）监造出了我，我的容积是一升，现在实测是 202.15 立方厘米。

我的地位

我被造出来后，一直用了 120 多年。我是商鞅变法和天下尽用秦制的重要见证者，也是偶像当年亲自督造的一批度量衡标准器中唯一幸存于世的。唉，想想就伤心！

知识小辞典

度量衡： 日常生活中用于计量物体长短、容积、轻重的标准的统称。度是长度的基本单位，有尺、寸、丈、仞等名称；量是容积的基本单位，有升、斗、斛、钟等名称；衡是重量的基本单位，有铢、两、斤、钧、石等名称。

拉票环节

我藏着秦国崛起的秘密和中国一统的强大力量，代言咱们中华文明再合适不过！一定要投我！！！

策划统筹：王波　王震
插图绘制：豆豆鱼绘制
美术编辑：罗筱筱

天亮了，国宝们的自我介绍也都结束了，你觉得它们中的哪些能进入中国文化代表团呢？拿出笔，写下你心目中的“中华之光”成员吧！

馆藏文物是中华优秀传统文化的最好见证，了解它们，就是在延续中华文脉，传承民族记忆。用喜闻乐见的方式“让文物活起来”，就是在孩子们的心田播撒下人类文明传承与互鉴的种子。

——郭思克　中国博物馆协会常务理事、山东省博物馆学会理事长、孔子博物馆馆长

历史长河中遗留下来的文明碎片，是中国五千多年历史的缩影。文物里承载的中华文明博大精深，生生不息。让孩子走进博物馆，亲近文物，就是在为历史续写未来！

——陈水华　中国博物馆协会常务理事、浙江省博物馆馆长、研究馆员

用心去聆听，沉默的国宝真的会说话。跟随它们在时间的长河里徜徉，你会穿越进历史的时空里，感悟到既往的厚重与未来的美好。

——庞雅妮　陕西历史博物馆副馆长、研究馆员

山东友谊出版社
微信公众号

绿色印刷产品

上架建议：小学历史 / 科普

ISBN 978-7-5516-2401-5

定价：158.00元（全4册）

历史里的秘密
博物馆
奇妙夜②
主编　柳霞（山东社科院研究馆员）
出品　尚青云简
山东友谊出版社·济南

历史里的秘密

博物馆奇妙夜②

主编 柳霞（山东社科院研究馆员）
出品 尚青云简

山东友谊出版社·济南

图书在版编目（CIP）数据

博物馆奇妙夜：历史里的秘密 / 柳霞主编 . -- 济南：山东友谊出版社，2022.2（2022.4 重印）

ISBN 978-7-5516-2401-5

Ⅰ . ①博… Ⅱ . ①柳… Ⅲ . ①历史文物－介绍－中国－青少年读物 Ⅳ . ① K87-49

中国版本图书馆 CIP 数据核字（2021）第 245028 号

博物馆奇妙夜：历史里的秘密

BOWUGUAN QIMIAO YE LISHI LI DE MIMI

责任编辑：肖　杉

装帧设计：丁运哲　果子

主管单位：山东出版传媒股份有限公司

出版发行：山东友谊出版社

地址：济南市英雄山路 189 号　邮政编码：250002

电话：出版管理部（0531）82098756

发行综合部（0531）82705187

网址：www.sdyouyi.com.cn

印　　刷：济南乾丰云印刷科技有限公司

开本：787mm × 1092mm　1/12

印张：16　**字数：**240 千字

版次：2022 年 2 月第 1 版　**印次：**2022 年 4 月第 2 次印刷

定价：158.00 元（全 4 册）

CONTENTS
目录

鹰形顶金冠

第二场我第一？太好了！说我招摇的就不懂我们草原文化，中原文化讲究含蓄，逐水草而居的我们对生存的领悟更深刻，也更崇拜力量和智慧。

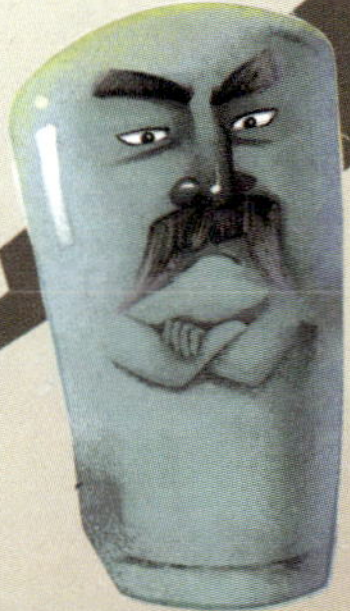

水晶杯

该我了，该我了！很多人非说我是从现代跑回战国冒充古物，太气人了。穿越哪是想穿就穿的？水晶在咱们中国的使用历史多悠久啊……

杜虎符

笑啥，笑啥，嫌我个头小啊，对一个2000多岁的老人这样可不够尊重。没有我，再厉害的将军也调不出超过50人的军队。

牛虎铜案

别吃惊，在我们古滇国，祭祀可是头等大事，等有机会给你们介绍介绍我们那里的“存钱罐”，那场景才叫一个震撼呢……

长信宫灯

说实话，一个灯一捧2000多年，真心累。可它是世界上最早的环保节能灯，充分展示了咱们祖先的智慧和巧思，能由我来代言，我骄傲啊！

秦始皇陵铜车马

真不是吹的，我们哥俩什么世面没见过？我们不但环保，还冬暖夏凉，防御、反击样样都行。吹牛？没吹，真没吹……

四牛鎏金骑士铜贮贝器

啥？我长得太奇特了，不像存钱罐？一看你们就不了解我们古滇国文化，在我们那里，我就是财富、地位和权利的化身，不是王侯贵族，连看到我的机会都没有。

云梦睡虎地秦简

什么？我管得也太宽了？你懂啥，对于刚刚统一六国的大秦来说，严格的法治是最快、最有效的社会安定方式。我记录的还只是大秦王朝的冰山一角，真讲起来，三天三夜都说不完……

这是一群特殊的“客人”，在某著名博物馆的大殿里，每当午夜十二点的指针一过，它们准时清醒，充满生机地活跃起来，头对头、面对面地攀谈起来。

你看，今晚有个叫“贾湖骨笛”的家伙自荐当了主持人，说从今天晚上开始，要大家逐一自报家门，进行才艺比拼，最后投票选出能代表中国文化的10位成员组成“中华之光”，进行世界巡回演讲……

击鼓说唱俑

我“汉代第一俑”的名头可不是白来的，很多达官贵人要看我表演，都得提前预约。要放在现在，我也算是大汉朝的顶流明星了，喏，皇帝是我最尊贵的粉丝……

熹平石经

好了，等我讲完，第二场就结束了。我啊，是咱们中国第一部官定石刻经本，之所以有纸不用非要刻石碑，起因是要平息两大文人团体的争吵。你们是不知道，他们吵起架来太可怕了……

“五星出东方利中国”锦护膊

得承认，时间都过去2000多年了，你们还夸我漂亮，我是很高兴的。我是用经线提花方式织造出来的，经密220根/厘米，纬密48根/厘米。看看，看看，就知道你们听不懂……

汉委奴国王金印

终于该我了！远点，远点，再近放大镜都贴我身上了！别看我个子小，我可是纯金制造的。

素纱禅衣

别看我现在不起眼，当年的我可比现在漂亮多了，是时尚界的顶流奢衣，主人们都非富即贵。

马踏飞燕

其实飞在我脚下的不是燕子，而是速度惊人的游隼，但现在这个名字叫久了，大家也都熟悉了，改不改的有什么呢？我个人感觉，总比“铜奔马”文艺多了……

草原王者的荣耀：鹰形顶金冠

我太招摇了？一听就知道你们不懂我们草原文化，你们中原文化讲究含蓄，逐水草而居的我们对生存的领悟远比你们深刻，也更崇拜力量和智慧。

我的档案

出生年代：战国晚期

籍贯：内蒙古自治区鄂尔多斯市杭锦旗阿鲁柴登

现家庭住址：内蒙古博物院

身材：冠顶高 7.3 厘米，冠带直径 16.5 厘米—16.8 厘米

体重：1202 克

个性签名：草原，我说了算

我的出生地

我家杭锦旗位于内蒙古自治区鄂尔多斯市西北部，属于历史上的漠南地区，“母亲河”黄河自西向东流经全旗，中国第七大沙漠库布齐沙漠贯穿东西。这里草原辽阔，风景优美，土地肥沃，“风吹草低见牛羊”……

我的民族

我们是蒙古高原的游牧民族，起源于今内蒙古阴山，秋季会在鄂尔多斯高原祭祀龙神。在当时中原人眼里，生活在北方的少数民族都是“匈奴”。

我的主人

我是目前人们所能见到的唯一的“胡冠”，被称为“草原瑰宝”，能戴上我的主人只能是权力的王者——“单于”。我陪着他策马草原，上阵杀敌，见证了一段属于草原的高光岁月。

知识小辞典

冠：会意字，甲骨文、金文中没有出现，战国时从冃和元。“冃”指帽子和两边垂下的绑带；“元”表示戴帽子的人头。篆文中增加了“寸”，有遵守礼法之意。

我的家族

在我们草原，金银器家族不比中原少多少，有装饰品、兵器饰件和生活器皿。样子呢，就以我们常见的动物为原型打造，不但体现了我们氏族或部落的图腾，也反映了早期草原丝绸之路上的文化交流。

我的样子

在展翅欲飞雄鹰的俯视下，狼羊咬斗，虎马互搏，充分展现了我们大草原上的弱肉强食生存法则。在草原民族心中，搏击长空的雄鹰，是自由、智慧、勇猛和神秘的化身，傲视众生的苍天骄子，威严而神圣。

拉票环节

中华文明强大的包容力，是在与对手对峙与融合中一次次地磨炼出来的。我是匈奴单于至高无上权力和地位的象征，也是中国游牧文明与农耕文明碰撞的见证。投我，是对的！

造字本义

会意字，帽子，用手把帽子戴在头上。

现本义

引申为形状像帽子或在顶上的东西，亦有首位、领先之意。作动词时表示戴帽。

时空穿越物：水晶杯

很多人非说我是从现代跑回战国冒充古物，也太气人了。穿越是这么容易的事，想穿就穿吗？水晶在咱们中国的使用历史悠久，只是这些人孤陋寡闻而已……

我的档案

出生年代：战国晚期

籍贯：浙江省杭州市半山镇石塘村

现家庭住址：杭州博物馆

身材：高 15.4 厘米，口径 7.8 厘米，底径 5.4 厘米

个性签名：哥，不只是传说

我的家乡

我的家乡杭州古称临安、钱塘，因风景秀丽，素有“人间天堂”的美誉。吴越国和南宋都曾在这里立都。我出生在杭州城的最北端半山。我们这里四季分明，依山傍水，是杭州市的交通枢纽。

钱塘江：又名“浙江”，是浙江省最大河流。钱塘江潮被誉为“天下第一潮”，是世界一大自然奇观。

良渚博物院：是一座良渚文化专题类的考古学文化博物院，由不完全平行的四个长条形建筑组成，被称为“收藏珍宝的盒子”。

杭州博物馆：是一座反映杭州历史变迁的人文类综合性博物馆，馆藏规模逾万件。

我的时代

我那个时候，吴越之地已经归了楚国了。说起来，还不是怨越王勾践的子孙不争气。幸亏勾践死了，没看到后世子孙相互残杀带来越国内乱，被楚威王钻了空子。楚威王先派大臣昭滑在越国卧底，情报都收集完了，就率军伐越，吴越之地就此改楚姓了。

我的样子

我敞口平唇，直身圆底，通体透明，杯壁内有自然结晶的海绵体。第一眼看到我的人，觉得我没啥大不了的，玻璃杯嘛，谁没见过。但一听说我来自战国，就大呼小叫“不可能”。唉，书读少了，也不怪他们！

知识小辞典

水晶：古称“水玉”“水精”，稀有矿物的一种，石英结晶体。纯净时为无色透明晶体，因含微量元素不同，呈粉、紫、黄、茶等色。

我的工艺

我是用一整块高纯度的、优质天然水晶雕琢而成，弧面打磨和抛光工艺相当精妙。早在新石器时期，咱们中国就有水晶制品了，春秋时的人们已经能雕琢出像样的水晶生肖，战国时玉器加工工具和水平又上了一个台阶。自汉以后，我们水晶家族就越来越庞大，越来越复杂，形象也越来越好看了。

水晶玛瑙串

水晶双龙环

水晶风首镶金头钗

金文	杯	小篆	杯	隶书	杯	楷体	杯

造字本义

用竹罐加工成的饮器。

现本义

盛酒、水、茶等的器皿，此外还用来指杯状的锦标。

拉票环节

再重申一遍，我真不是盗墓贼无意丢下的。我毫发无损地出现在大家面前，就是为了证明我们中国老祖先的智慧和高超工艺。冲我这份心，就应该投我！

非我不能动兵：杜虎符

笑啥，笑啥，嫌我个头小啊，对一个 2000 多岁的老人这样可不够尊重。没有我，再厉害的将军也调不出超过 50 人的军队。不像后来，皇帝都坐不稳宝座，这在很大程度上是因为他们失去了军队的控制权，这不可悲么？

我的档案

出生年代：战国秦

籍贯：陕西省西安市雁塔区北沈家桥

现家庭住址：陕西历史博物馆

身材：高 4.4 厘米，长 9.5 厘米

个性签名：没有我，谁也到达不了战场

我的出生地

我的家乡西安，地处关中平原中部，北临渭河，南依秦岭，是著名的“丝绸之路”起点，历史上先后有 13 个王朝在这里建都。它最初的名字是周朝立国后的“丰镐”，此后就成了我们所有老秦人魂牵梦萦的归所。

西安半坡博物馆：中国第一座史前聚落遗址博物馆，收藏文物 3 万多件，属新石器时代的仰韶文化。

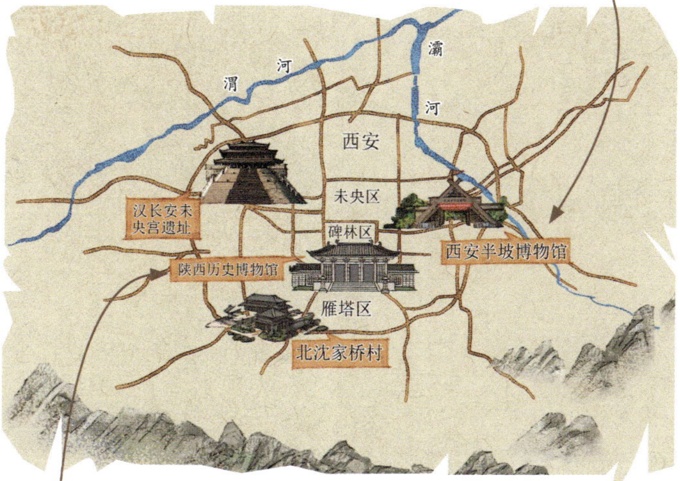

陕西历史博物馆：中国第一座大型现代化国家级博物馆，馆藏文物 171 万余件，有“古都明珠，华夏宝库”之称。

我的族民

我的族民源自殷商贵族嬴姓部族，远祖是黄帝长子少昊，因他出生在嬴水边上而得姓。商亡后为周王室养马并戍边对抗西戎，常年征战造就了老秦人尚武勇战的血性。这种血性被一个叫商鞅的家伙利用后，发挥得淋漓尽致，国家也因此日益强盛，并最终在嬴政手里大放异彩。

我的时代

我们秦人最初立国是在周孝王时，周平王东迁时因秦襄王派兵护送有功，正式成为诸侯国一员。乱世激发我们老秦人的血性，我们就在争霸中拿了冠军。咱们中国第一个统一、稳定的国家就是由我们老秦人最耀眼的明星——嬴政（秦始皇）建立的。

我的造型

我是一头行走中的老虎，昂首环眼，嘴半张，双耳紧贴脑边；收腹弓背，两腿前屈，后尾端上卷。铸造我的模具用完后就地销毁，榫卯、纹刻及金丝镶嵌的铭文，都是当时防伪的最高工艺。

我的使用

按秦国军队的管理规定，凡调动士兵超过50人，就非我不可。我不出现，就算贵为王公，也指挥不动军队。我有两部分，平时左半部分在当地军事长官手中，右半部分在君王手里，需要调兵时，两块兵符当场契合无误，军将才能听令。

在兵符大家族里，除我之外，还有麟符、兔符、鱼符、龟符。使用时，专符专用，我和我的兄弟们各司其职，绝对不可以换班或者多管闲事。而且，我们跟君王的诏书形影不离。

知识小辞典

符： 古代朝廷传达命令或调兵将用的凭证，双方各执一半，以验真假。因此，“符”有相合之意。现在也用来代表事物的标记和记号及道教人士画出的声称能辟邪的图文。

我的地位

我是目前中国所有存世虎符中铭文最长、保存最完好的一件。我的出现，不但为原西周杜伯封地变为杜县提供了物证，还将虎符调兵遣将的历史客观还原。

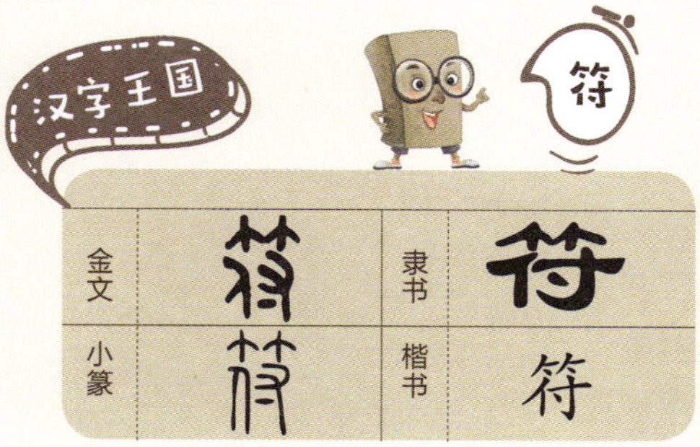

造字本义

形声字，“竹”作形旁，“付”是声旁。古代朝廷交托受命者、代表其身份和权力的竹制信物。

现本义

代表事物的标记和记号。

拉票环节

知道吗，“符合”一词就是因我而来的。而且论“加密”技术，我是鼻祖。你们不投我一票，投谁？

以爱的名义不息：

牛虎铜案

你们别这么吃惊地瞪着我，在我们古滇国，祭祀可是头等大事，等有机会给你们介绍介绍我们那里的“存钱罐”，那场景才叫一个震撼呢……

我的档案

出生年代：战国

籍贯：云南省江川区李家山

现家庭住址：云南省博物馆

身材：通高 43 厘米，长 76 厘米

个性签名：没有对错，只有无条件的爱

我的家乡

我的家乡是云南省玉溪市，因玉溪河而得名。我们这里山地、峡谷、高原、盆地交错分布，气候多样，却四季如春，干湿分明。我们是云南重要的产铜地区，也被称为聂耳故乡、云烟之乡、花灯之乡和高原水乡。

滇池：以滇池为中心发展起来的滇国是中国西南边疆古代少数民族政权，疆域主要在云南中部及东部地区。大约存在了 500 年，战国初期出现，汉武帝时降汉。

江川区李家山青铜器博物馆：位于昆明以南，距离昆明约 110 千米，是中国最早的青铜器博物馆。陈列着在滇王族古墓群中发掘出来的珍贵文物。

我的时代

公元前278年，楚将庄蹻（qiāo）受楚顷襄王所派，率领楚军来到我们滇地，后因秦国攻打楚国无法返回，就在我们滇地称王，这才有了古滇国。当时的都城在今昆明。庄蹻就成了古滇国第一任国王。

我的作用

我称为“俎”（zǔ），是一件用来放置肉祭品的礼器。在古代中国，祭祀可是国家和平民生活中的头等大事，而献祭是重中之重。牛居祭祀的“三牲”之首，其余两个是羊和猪。而我，就是用来放献给神灵享用的牛牲的。你们只有在王室级别以上的家庭中，才能看到我的身影。

我的构造

我是由两头牛和一头虎组合而成的。看，一头健壮的大牛是主体，器足是它的四肢，它的腹下护着一头懵懂的小牛；一头猛虎扑咬在牛尾上，四爪紧蹬牛身，虎视案盘面。牛虎一前伸一后拽，在巧妙的平衡中，生死之间、动静之态，就这么凝固在时间长河中啦。

五牛一鼓贮贝器

二牛搏虎贮贝器

我的意义

有人伤感地说，大牛舍身护子太有爱了；有人感叹地说，猛虎噬牛太残酷了。要知道，在我们古滇人的理念中，“死亡”就孕育着“新生”，虽然现实世界的残酷没有办法避免，但小牛受到保护却生存了下来，这就是生命的传递和延续。而且，虎代表权威和不可抗力，牛代表财富，这件礼器不但表达着我们对神灵的敬意，也向神灵传递着我们对财富、繁衍和生命的渴求呢。

汉字王国

甲骨文		小篆	
金文		楷书	牛

造字本义

象形字，为一牛头形象，就表示牛本身。

现本义

除本义外，还引申为顽强、有耐力，又指人的脾气固执、不肯轻易驯服。

知识小辞典

案： 又称俎，古时的一种礼器，为祭祀时切牲和陈牲之用具。材质多为木质，为后世的桌、案、几、椅和凳等家具奠定了基础。

拉票环节

没有竞争，生物无法进化；没有爱，生命无法延续。死亡并不意味着终结，而是新生命的延续。为我们中国人智慧的生死观投票！

御用顶级豪车：
秦始皇陵铜车马

我们哥俩什么世面没见过？纯铜制作，3000 多个零件，光金银饰品就重达 14 千克，精美纹饰就不用提了。不但环保，还冬暖夏凉，防御、反击样样都行。吹牛？没吹，没吹，真没吹……

我的档案

出生年代：秦

籍贯：陕西省西安市临潼区秦始皇陵封土西侧

现家庭住址：秦始皇帝陵博物院

身材：1 号通长 225 厘米，高 152 厘米

2 号通长 317 厘米，高 106 厘米

个性签名：开得起限量版的布加迪，也用不上我这样的马车

我们的出生地

临潼在渭河以南，相传是上古女娲氏兴起的地方。商朝为丽国，周朝是骊戎国，自此后就一直处于中国政治、经济、文化活动的中心地带，直到唐亡。

汉阳陵：汉景帝刘启及其皇后王氏同墓异穴的合葬陵园。

秦始皇帝陵：位于陕西省西安临潼城东 5 千米处的骊山北麓，始建于秦王嬴政即位当年（前 247 年），历 39 年，内含举世闻名的“世界第八大奇迹”兵马俑坑。

国家大地原点：位于陕西省泾阳县永乐镇北流村，是国家地理坐标——经纬度的起算点和基准点所在地。

秦始皇帝陵博物院：位于秦始皇帝陵东侧，含秦始皇兵马俑博物馆和秦始皇帝陵骊山园。

我的主人

提起我们的主人嬴政，那可是鼎鼎大名。他聪明果断，不但统一了文字和度量衡，还为后世的朝代制定了很多适用的政治制度。仅就出行来说，他就亲自设计了大驾、法驾、小驾三种仪仗队形，规定了不同的车马数和排列方式。

我们的作用

我兄弟1号立车，敞篷式，上置铜伞，下立御手，配弩、箭、盾等武器，有警卫和征伐作用；我是2号安车，密闭车舆，门窗可自由打开，御手前坐，主人于后室可坐可卧，非常舒服噢。

我们的工艺

我们哥俩单辕双轮，均四马前驾，是按着主人生前车队以2:1的比例缩造而成。我们那时的工匠水平可不是吹，上千个零部件，铸造、焊接、镶嵌、销接、活铰连接、子母扣连接、转轴连接等各种工艺，经常让现在的专家大呼“不可思议”。

我们的黑科技

看到我兄弟的铜伞没？伞顶与盖是青铜齿轮连接的，打开伞柄上下两端的机关，不仅可以使伞以360度旋转遮阳，突遇刺客时，它还可以变成一种武器。伞面为盾，伞柄为矛，中空的柄内还能暗藏利器。

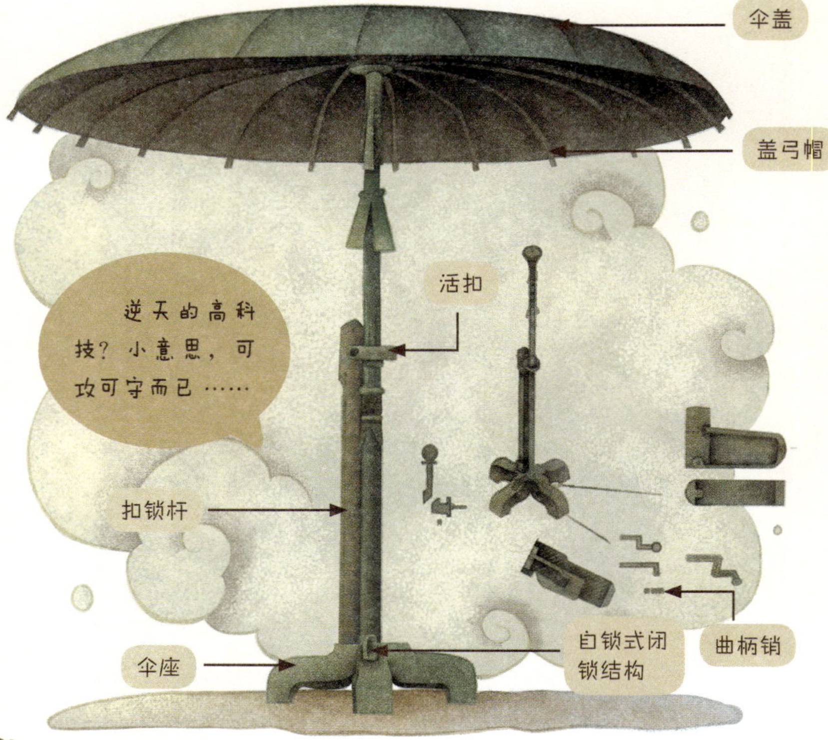

汉字王国

甲骨文	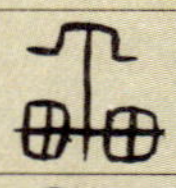	隶书	车
金文		楷书繁体	車
小篆	車	楷书简体	车

造字本义

有轮子、靠牛马驱动的战斗工具。

现本义

陆地上有轮子的运输工具。

知识小辞典

车马： 车辆和马匹，古代陆上的主要交通工具。

拉票环节

从战马到车手，从服饰到纹饰，从缰绳到箭箙（fú）和弓弩，2000多年前的古人智慧震惊了当世的所有人。

所以，我值一票！

凝固的秦王朝百态：云梦睡虎地秦简

什么？我管得也太宽了？你懂啥，对于刚刚统一六国的大秦来说，严格的法治是最快、最有效的社会安定方式。我记录的还只是大秦王朝的冰山一角，真讲起来，三天三夜都说不完……

我的档案

出生年代：秦

籍贯：湖北省孝感市云梦县睡虎地秦墓

现家庭住址：湖北省博物馆

身材：竹简长 23.1 厘米 ~ 27.8 厘米，宽 0.5 厘米 ~ 0.8 厘米

个性签名：不敬业的基层员工不是一个好的“打工人”

我的出生地

我的家乡云梦古时属荆州，先秦时我们这里甚至附近区域都是楚王的狩猎区，有着连绵不断的山林、原野、湖泊和沼泽。我们还曾是楚国的别都、秦朝的禁苑、汉晋的郡治所在。

楚王城遗址：春秋时期吴楚征战，楚昭王避吴难入云中所筑。遗址周围，分布着周至秦汉大量的古墓葬群。

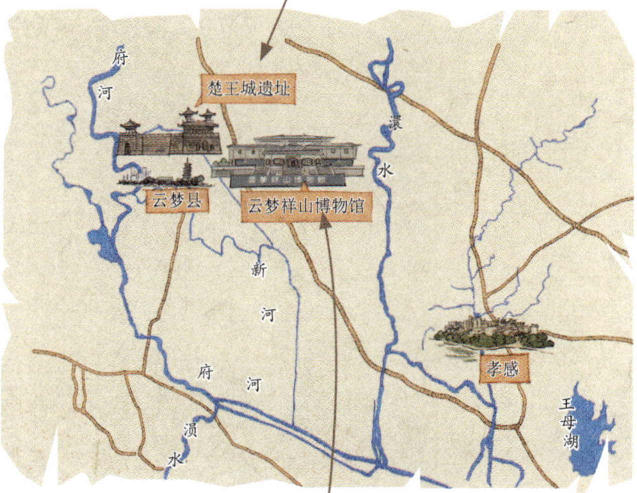

云梦祥山博物馆：目前湖北省规模最大、水平最高的县级博物馆，馆藏文物 5000 多件，因很多珍贵文物而享誉中外。

我的主人

我的主人是一个名叫“喜”的秦朝基层官吏，自小勤奋，长大敬业。他做过文书、管过刑狱、上过战场，一辈子最好的“朋友”就是秦律，喜爱到什么程度？各类竹简堆满了屋子，他简直就是云梦县的“百事通”，政治、经济、法律、医疗、占卜，无一不精。喏，这不，他去另外一个世界时也带着我们。

我的内容

我一共有1155枚，共计4万多字，墨书秦篆，内容有10个分类，涵盖了秦帝国当时的政治、法律、经济、文化、医学等方面，以律法内容为最多，这跟我的主人喜日常工作有关。秦律规定非常细致，也非常生活化，如遇上当街行凶不上前制止、不孝顺父母、小偷入室伤人邻居不施援手等，都会受到惩罚。

我之最

1. 我有着世界最早的法医记录，记载了缢死、流产、外伤检验的方法。

2. 98简《封诊式》以案例为主，记载了审判原则及对案件进行调查、勘验、审讯、查封等方面的规定，是世界上最早的刑事侦查书籍。

3.《田律》中有世界上最早的保护环境法律条文。如早春二月，禁止到山林中砍伐树木；不到夏季七月，禁止烧草以及采摘刚发芽的植物；禁止伤害幼鸟幼兽、毒杀水生动物，也不能用陷阱或网捕捉野生动物等。

我的意义

我们秦国变得强大，谁都知道商鞅功不可没，他以法家思想为主导而进行的变法，因为至今都没有找到完整的秦朝法典，致使后人无法全面了解。我的出世，就像打开了一个返回秦朝的最好通道，通过主人喜的记述，人们不但考证了商鞅变法的很多举措，还看到了2000多年前，秦国是如何以法来治理民众的。而且，我主人留下的字也让一些研究隶书起源的专家和书法爱好者如获珍宝。

汉字王国

金文	簡	楷书繁体	簡
小篆	簡	楷书简体	简
隶书	簡		

造字本义

形声字，“竹”表材质，“間”表读音，表示编绳上竹片相间。合起来表示编扎在一起的写字竹片。

现本义

一般多用作形容词，表示简单的。用作动词时表示简化。

知识小辞典

竹简：古代用来写字的竹片，也指写了字的竹片。竹简多用竹片制成，一般每片写字一行，编联起来就成为先秦至魏晋时代的书籍。

拉票环节

“百代都行秦政制”，中国历史上第一个大一统国家国祚虽短，但对后世的深远影响，你们都知道的。选不选我还用犹豫？

最时尚的存钱罐：
西牛鎏金骑士铜贮贝器

啥？我长得太奇特了，不像存钱罐？一看你们就不了解我们古滇国文化。在我们那里，我就是财富、地位和权利的化身，不是王侯贵族，连看到我的机会都没有。吹牛？我从不吹牛……

我的档案

出生年代：西汉

籍贯：云南省昆明市晋宁区石寨山10号墓

现家庭住址：云南省博物馆

身高：通高50厘米

爱好：存钱

个性签名：哥的骄傲你不懂

我的出生地

古滇国消失了千年，人们只能靠有限的资料去想象它的样子，但我对它的记忆却从没磨灭。我家乡那些重见天日的墓葬群，上至王族，下到平民，无一不刻印着古滇国的气息。聪明的考古学家们利用它们拼出了古滇国的全貌，让我有种重返故国的感觉，太激动了……

云南省博物馆：各类藏品有19万件之多，其中最具特色的是滇文化青铜器、南诏与大理国时期的佛教文物，以及近现代多姿多彩的少数民族文物精品。

晋宁石寨山古墓群：出土战国至西汉滇国王族墓50座，随葬器物5000余件，以青铜器为主，风格独特，题材广泛，显示了当时的社会风貌。

我的时代

古滇国统治的区域就是现在云南的滇池地区。战国楚将庄蹻（qiāo）是史料上能查到的第一代滇王，他原本是受楚顷襄王之命前来拓土的，任务完成后却得知秦兵已经占领了巴蜀地区，后路已断无法回转。既然回不去了，庄蹻就在滇地称王，易服从俗。王位传了很多代，直到汉武帝派兵征讨云南，最后一任滇王权衡半天，举国投降，我们就变成了汉朝的益州郡。

我的作用

海贝是我们古滇国的主要货币，用我作存钱罐，是我们当地独有的文化，但只有滇王和贵族才有权用我盛放海贝和珍宝。虽然我们没有文字，但在我兄弟姐妹们的盖子上，顶的可都是当时生活中的世情百态，如祭祀、农事、纺织、战争、盟誓场景等，这就是为什么人们把我们称为探究古滇国神秘历史的“无声史书”。

我的地位

巨角隆脊的牛是我们云南当地的“五谷之神”，也是财富的标志；鎏金佩剑的骑士可不是一般人，非地位显赫不能鎏金，他是权力的化身；而我腰上饰的攀爬形虎耳，暗喻着威严。现在明白了吧，我真没吹牛，在所有的兄弟姐妹中，只有我是古滇国财富与权力的象征。

我的家族装饰

整体来说，我们家族的装饰分为两类：一类为人物形象，有奴隶主、贵族、奴隶、士兵、平民等；一类为动物形象，有牛、羊、马、猴、鸟、虎等多种，以大家最爱的牛的形象最多。

我们古滇人用自己的巧手，把对生活的理解和日常生活中所见到的百态都装饰在我们身上，这也是一种无言的宠爱啊。

麻织品是我们古滇人最普及、最常用的服饰。

战争是所有国家都避免不了的大事之一。

知识小辞典

鎏金： 古代给金属表面进行加工的一种传统工艺，即用黄金与汞为原料，配成金汞剂（合金）涂饰于器物表面，经过烘烤，汞蒸发而金固结于器物上。

汉字王国

造字本义

象形字，双手捧着酒器，向人敬酒。

现本义

表示地位或辈分高、敬重之意或用于量词。

拉票环节

我不仅仅是古滇人社会和生活的一个缩影，也是咱们中华民族形成链条中不可缺失的一环，同时还是国家领土不可分割的一个有力见证！投我，投我！

最炫酷的风衣：素纱禅衣

别总盯着我看，这么多人，我害怕。自从我们姐妹被偷走，我的妹妹再也找不回来之后，我就有点怕生人。当年的我可比现在漂亮多了，是时尚界的顶流奢衣，主人们都非富即贵。

我的档案

出生年代：西汉

籍贯：湖南省长沙市马王堆一号墓

现家庭住址：湖南省博物馆

身材：衣长 128 厘米，通袖长 190 厘米，

体重：49 克

个性签名：不要迷恋姐，姐可不只是传说

我的出生地

我的家乡长沙位于湖南省东部偏北，湘江下游。殷商时属扬越之地，是百越部落的分支。春秋战国时，我们这里属楚国黔中郡，秦时设长沙郡，西汉时置长沙国。城名和城址历经 3000 年都没变，是有名的历史文化名城。

湖南省博物馆：湖南省最大的综合性历史艺术类博物馆，馆藏文物 18 万余件，以马王堆汉墓出土文物、商周青铜器、楚文物，历代陶瓷、书画和近现代文物等最具特色。

马王堆汉墓：西汉初期长沙国丞相、轪侯利苍的家族墓地，利苍、辛追及其儿子三座汉墓共出土 3000 多件文物，以丝织品、帛画、帛书及漆器最为精美和珍贵。

我的主人

我的主人辛追是西汉长沙国临湘侯辛夷的女儿，丞相利苍的妻子。利苍原是湖北荆州人，后因功被封为轪（dài）侯。轪侯家巨富，我的主人日子过得那个奢华和舒适，远超你们想象。她喜欢轻而薄的衣服，尤其是丝绸质地的。她常常穿很多层的丝绸衣物，却一点也不显臃肿。

知识小辞典

禅（dān）衣：又称“单衣”，流行于秦汉时期，是一种上层人士平日所穿的单层罩衣。以锦或纱制，有曲裾（衣襟斜绕）和直裾（前后衣襟方形平直）之分。

你知道吗？

辛追刚出土时，全身柔软而有弹性，考古人员在往她体内注射防腐剂时，她的血管还能鼓起来，血管通畅。要知道，她可是在地下被埋了2000多年，太不可思议了。还有一盆藕汤，像刚做出来一样，可惜保护技术没跟上，一接触空气，汤就化成了灰。

我的样子

我交领，右衽，直裾，是我们西汉时常见的衣服款式，只是因为罩在外面的缘故，袖口较宽。因为全以素纱为面料，没有衬里，就在衣领和袖口边缘用织锦做了点装饰，展开薄如蝉翼，团起来轻若烟雾，可以放进一个火柴盒里。我一般被主人穿在艳丽的锦袍外面，用来衬托主人衣着的华美和飘逸的气质。

我的遭遇

提起我和妹妹被盗，那真是一段可怕的经历。盗贼是个不满 18 岁的高中生，他在母亲毫无底线的溺爱之下，为追求刺激而犯下大罪。为了替他隐瞒罪行，他母亲把我们扔了一部分，通过邮局寄回一部分，还烧毁冲入下水道一部分。就在这次劫难中，比我还轻的妹妹再也没能回来，我也受了损伤。呜……

汉字王国

甲骨文	衣	隶书	衣
金文	衣	楷书	衣
小篆	衣		

造字本义

象形字，有衣领、袖子和掩襟的上衣，表示为人体遮蔽或御寒的物品。

现本义

衣服或包在物体外面的一层东西。

拉票环节

我是世界现存最早、最轻薄的一件衣服，是我们中国古人智慧的结晶。选我，来一票！

我的技艺

素纱是秦汉时非常流行的衣料，常用来做夏服和衬衣，又轻快又仙气十足。所用的蚕丝来自当时的三眠蚕，它们经休眠与蜕皮三次后，约 21 天左右就可以结茧缫丝。这种蚕丝比你们现在的四眠蚕所吐的丝更细，蚕茧更小，织出来的衣物自然就更加细薄。

节能环保第一灯：
长信宫灯

不要一见面就问我累不累，说实话，一个灯一捧2000多年，真心累。可它是世界上最早的环保节能灯，充分展现了咱们祖先的智慧和巧思，能由我来代言，太让人骄傲了！

我的档案

出生年代：西汉

籍贯：河北省保定市满城汉墓

现家庭住址：河北博物院

身高：通高48厘米

体重：15.85千克

个性签名：解锁环保新概念

我的出生地

我的家乡保定是上古尧帝的故乡，历来为京畿重地，有着3000多年的历史呢。至于我的出生地满城，汉初时属中山郡，后归汉景帝刘启的儿子刘胜所有，是中山国的一部分。

满城汉墓：西汉中山靖王刘胜及其妻窦绾之墓，是中国目前保存最完整、规模最大的山洞墓葬。

河北博物院：文物藏品15万件，以满城汉墓出土文物、河北古代四大名窑瓷器、元青花、石刻佛教造像、明清地方名人字画以及抗日战争时期文物最具特色。

权势最大的主人

阳信侯刘揭家本应是我最早待的地方，可惜小侯爷参与了“七国之乱”，叛乱平定后他被废黜，家产收归朝廷，因为我造型奇特、设计巧妙，被汉景帝孝敬给了母亲窦太后。窦太后可不是一般人，宫女出身，阴差阳错被赐给代王刘恒，竟然一步步走上太后之位。汉武帝年幼登基时，一切安排都得看这位祖母的脸色和心情，直到祖母逝世后才得以大展身手。

最后一任主人

我被分到窦太后宫中时，她非常喜欢我，因此伺候她的人对我也很照顾。说实话，在她的娘家人里，也只有窦绾（wǎn）受到的宠爱能跟我相比了，当窦绾嫁给中山靖王刘胜时，我就成为陪嫁品。窦绾视我为珍宝，死后也让我随葬在她身边。

我的构造

我由青铜制成，分头、身、右臂、灯座、灯盘和灯罩六部分，通体鎏金，华丽灿烂。我的左手执着灯盘，右臂高举，袖管笼于灯座之上，双膝并拢，坐于脚跟，脚背贴地，目视前方。这是我们西汉人标准的“危坐”姿势，既端庄又谦恭，是吧？

我的服饰

曲裾深衣可是我们那个朝代最流行、最时尚的款式了。简单点说，就是外衣紧窄，下摆拖地，行不露脚，衣袖宽大，袖口镶边。外衣交领露层层里衣，最多可达三层，时称“三重衣”。别以为这种衣服只有我们女子穿，男子也穿，只是下摆更宽大些而已。

我的高科技

1. 身高与人们跪坐时眼睛的视线基本一致。

2. 灯盘可以自由转动，两块罩板可自由开合，用来调节灯光的亮度和照射方向。

3. 古时人们用动物油脂做燃料，燃烧后形成的异味和烟尘会顺着我的右臂进入中空的身体内，再溶入其中贮存的水中，可保持室内空气的清洁。

4. 易分拆设计，便于日常清洗。

知识小辞典

灯：照明用具，人们远古时用火把，后来用蜡烛和油灯。电被发明以后，有了电灯。灯具的变化，是人类社会文明和经济发展的缩影之一。

造字本义

形声字。火表其意，登表示声，表示灯火向上。置烛用以照明的器具。

现本义

泛指可以发光的装置。

拉票环节

我一直被认为是中国工艺美术品中的巅峰之作和民族工艺的重要代表。所以，请投我一票吧！

震惊后世的古老预言：“五星出东方利中国”锦护膊

得承认，时间都过去2000多年了，你们还夸我漂亮，我是很高兴的。我是用经纬提花方式织造出来的，经密220根/厘米，纬密48根/厘米。看看，看看，就知道你们听不懂……

我的档案

出生年代：汉－晋

籍贯：新疆维吾尔自治区和田民丰县尼雅遗址

现家庭住址：新疆维吾尔自治区博物馆

身材：长18.5厘米，宽12.5厘米

个性签名：天灵灵，地灵灵，中国巨龙定乾坤

我的出生地

我出生在汉晋时期的精绝国故址，具体点说就是现在新疆的民丰县北约150千米处的沙漠中，周围都是起伏的沙山。别看现在有些荒凉，当时可是一片繁荣的绿洲。

楼兰遗址：位于新疆罗布泊西部，处于西域的枢纽，在古代丝绸之路上占有极为重要的地位。

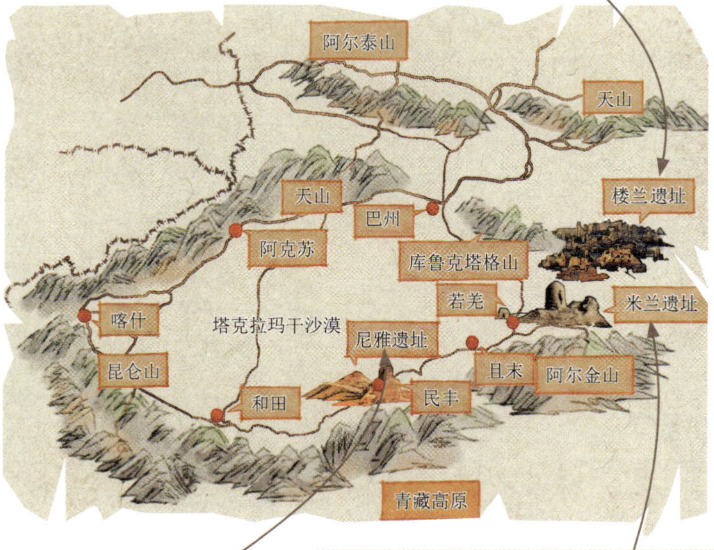

尼雅遗址：古遗址以佛塔为中心，发现有房屋、场院、墓地、佛塔、佛寺、田地、果园、畜圈、河渠、陶窑、冶炼遗址等遗迹。

米兰遗址：是一组不同年代的跨文化遗址群，其中有西汉时鄯善国伊循城遗址，汉代屯田，唐代古戍堡遗址等。

我的来历

1901年，一名来自英国的考古学家斯坦因，从印度进入新疆进行他的第一次中亚探险，结果无意中发现了尼雅遗址，也就是我的家乡，精绝古国的所在地。为探究我家乡的秘密，1995年10月，中日两国考古学家深入塔克拉玛干大沙漠，进行了一次大规模的科学考察。我就是在这次活动中意外跟大家见面的。

★ 1906年，斯坦因在新疆喀什莫尔佛塔前。

我的家乡

别看新疆塔克拉玛干沙漠腹地现在被称为“死亡之海”，2000多年前可存在着许多繁盛的古老王国，我的家乡精绝古国就是其中之一。当时我们有480户，3360人，精兵500人。因为是古丝绸之路上商旅的必经之地，我们成为东西方文化的交汇之所。那个英国人斯坦因后来从我们这里抢走许多珍贵的东西，那些被抢走的国宝轰动了世界。但他至死也没研究明白，我的家乡是如何神秘消失的。这，至今都仍然是个秘密。

汉字王国

甲骨文		隶书	星
金文		楷书	星
小篆			

造字本义

表示发光的天体，即生，表示从空寂的夜幕中凭空出现的众多发光天体。

现本义

天文学上指宇宙间能发光的或反射光的天体，一般指夜间天空中发光的天体。

我的装扮

你们看，我以白绢镶边，织的图案有云气纹、鸟兽、辟邪、代表日月的红白圆形纹等，都是我们那个时代最流行的。鲜艳的“青、赤、黄、白、绿”五色，分别与天上的“岁星（木星）、荧惑星（火星）、填星（土星）、太白星（金星）和辰星（水星）”一一相对应。

知识小辞典

中国：即“中央之城”或“中央之邦”，最早指西周国都及其附近地区，后指黄河流域黄河中下游的中原地区。有居天地之中之意，中国以外则称为四夷，即四方各少数民族。

天象预言

在古代中国，研究天象可是国家大事。聪明的祖先们早就掌握了五大行星的运行规律，他们发现，当五颗行星在一时期内同时出现于东方天空时，对中国很有利，统治者可以进行如军事讨伐等重大行动。将“五星出东方利中国”织在我身上，再戴在主人的胳膊上，是朝廷为了激励出征的将士们顺利讨伐羌族。不要小瞧这句话，这可是句标准的占星用语，告诉你们个小秘密：学者们推算出的下一个“五星连珠”天文现象，要等到2040年9月9日呢。

拉票环节

五星汇聚是咱们中国人自古以来所期待的天文现象，寄托着对国家昌盛、强大的期望。一定要投我!!!

中日交往见证：汉委奴国王金印

远点，远点，再近放大镜都贴我身上了！别看我个子小，我可是纯金制造的。

我的档案

出生年代：东汉

籍贯：日本福冈市志贺岛

现家庭住址：日本福冈市博物馆

身材：通高约 2.2 厘米，边长 2.3 厘米

体重：108 克

个性签名：凡是浓缩的都是精华

知识小辞典

印：有官印和私印之分，用来作为官府书信往来和私人交往的凭证。印钮形式多变，印文有阳文和阴文。印文字体先秦时为古文，秦为篆字，隋唐以后多为隶书或楷书。

我的出生地

我从日本福冈以西博多湾上的志贺岛而来，志贺岛是一个海中小岛。在古代日本，这里是离中国大陆最近的地方，元朝时忽必烈想进攻日本时就是从这里登陆的；后来，又因为我的发现而名闻天下，人们专门在岛上为我建了个金印公园。

福冈市：位于日本九州岛最北部，自古以来就是日本通往欧亚大陆的门户，现为九州地区最大的城市。

福冈市博物馆：馆内多达 24 万件收藏品，以介绍福冈博多的历史与民俗为主，著名的镇馆之宝“汉委奴国王印”，为早期中日交流的见证。

我的来历

公元57年，日本列岛小王国众多，其中南部委奴国仰慕汉王朝的强盛，就派使者渡海到达洛阳，表达了愿与汉王朝交好之意。光武帝被对方的诚意打动，特地把我制造出来，赠予对方。

我的发现

1784年4月12日，日本志贺岛的农民甚兵卫雇用两名青年修整农田水沟，无意间发现了我，甚兵卫就把我交给了郡政府，最后进入福冈藩主黑田家，成了传家宝。1978年，黑田家后人把我捐献给了福冈市博物馆，我就成了这里的镇馆之宝。

我的意义

在日本教科书中，我是出现最多的一件国宝；在福冈市，人们都以我为豪，我证明了福冈曾是日本文化最发达的地方。我出现后，有很多日本的中国史专家质疑我的真伪，幸好中国国内又发现了“滇王之印”和“广陵玉玺”，除了名字外，我们简直就是三胞胎，这下我不但认了宗，还证明了自己文化使者的身份，非常开心……

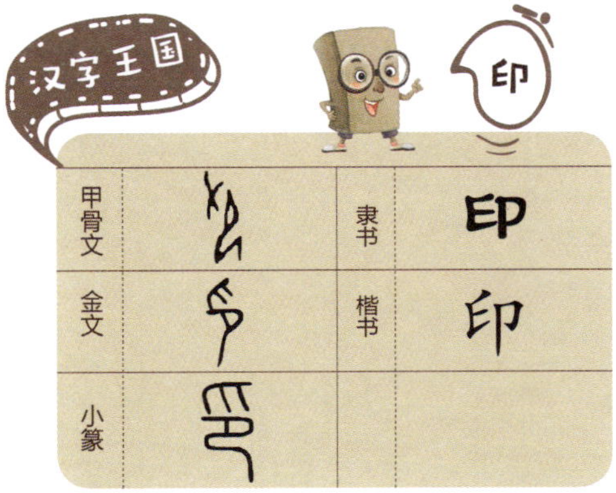

造字本义

左为爪，右为跪着的人，本义为古代官府强制性在发配边疆的罪犯额头上烙戳发配记号。

现本义

执政者所持的信物，即公章。

拉票环节

我是中日文化的见证，承载着历史的细节。大家要是不觉得我个头小，就投我一票！

自由的高度：

马踏飞燕

其实飞在我脚下的不是燕子，而是速度惊人的游隼，但现在这个名字叫久了，大家也都熟悉了，改不改的有什么呢？我个人感觉，总比"铜奔马"文艺多了……

我的档案

出生年代：东汉

籍贯：甘肃省武威市雷台汉墓

现家庭住址：甘肃省博物馆

身材：通高 34.5 厘米，长 45 厘米

体重：7.15 千克

个性签名：与风同行，全力奔跑

知识小辞典

游隼：属中型猛禽。翅长而尖，眼周黄色，叫声尖锐，喜欢在空中翱翔，是俯冲速度最快的鸟类，时速最高可达到 300 多千米。

我的出生地

我的家乡是古丝绸之路上的重镇，被称为"塞上江南"，风景美着呢。汉武帝时骠骑将军霍去病带兵击退匈奴后，为显示汉帝国的"武功军威"，把我们这里命名为"武威"。东晋时当地望族张氏雄霸西北，建立前凉，我们又成为乱世中北方汉文化的中心。我出生的地方原为前凉国王张茂修筑的灵钧台，他经常在这里祈求丰年，国泰民安。

张掖市：古称甘州。自古以来就是丝绸之路商贾重镇和咽喉要道，取"张国臂掖，以通西域"之意命名。

青海湖：中国最大的内陆湖。湖区属多民族居住地区，以藏族人数居多。南北两岸曾是丝绸之路青海道和唐蕃古道的必经之地。

我的主人

我的主人姓张，是当时甘州（今甘肃张掖）驻军的最高军事长官，因赫赫战功而被封侯。可惜的是，在一场惨烈的战役中，我的主人战死后只找到一条腿，士兵们把我和这条腿葬在了一起。随葬的还有很多铜币和奴婢俑。

我的来历

在我们那个年代，马不但是非常重要的交通工具，还是必不可少的军事装备。为有效反击匈奴，强大的骑兵军队成为国防重点，因此骏马可是当时国力和尊严的象征。我们甚至像人类一样有“户籍”呢，有着非常崇高的地位。

我的造型

我可是一匹凌空万里、遨游天际的天马，两千多年来一直自由地奔跑，只是不小心掠过了一只游隼而已。游隼吓了一跳，回头看我，说实话，要不是被人类定格，我还真没注意到踩着它了。

至于我的形象，那可是集中了汗血马、乌孙马、蒙古马等所有同伴的优点，是当时最标准的“国标马”。

我的地位

除了动感与力量之美，人们颂扬我体现了汉朝人勇武豪迈、昂扬向上的精神面貌。作为重量级国宝，我出过国，上过邮票，还成了中国旅游标志，为我的家乡增添了一张厚重的城市名片。

你知道吗？

因为抗击匈奴的军事需要，两汉成为中国骑兵发展的黄金时期。轻骑无甲，配弩和战马；重骑着甲，配矛、刀等近战武器和高头大马。骑兵最亲密的伴侣——马匹自然成为汉王朝最为重视的资源。汉朝专门确立了官马制度，除官营养马外，还用免役的办法鼓励边郡地区的民间养马行为。河西走廊的养马业最为兴盛。

汉字王国

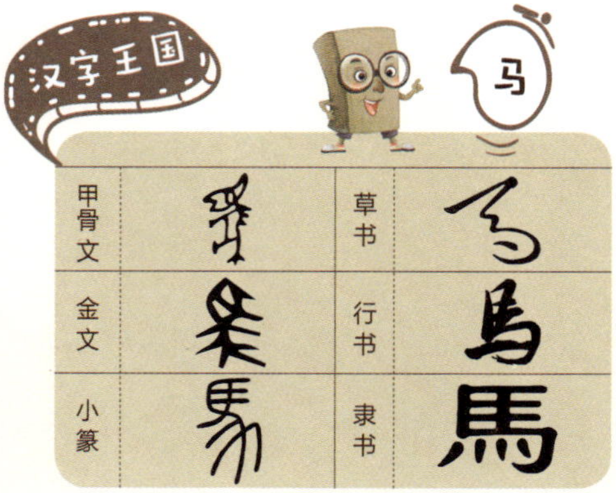

造字本义

象形字。金文像马眼、马鬃、马尾之形。

现本义

家畜名。

拉票环节

我的身上，显示出一种勇往直前的豪情壮志，也是中华民族伟大气质的象征！我还反映了大汉王朝与匈奴那段战争与和平岁月，民族融合也有了。快投我吧！

娱乐界达人：击鼓说唱俑

一看我就乐？呵呵，我“汉代第一俑”的名头可不是白来的，很多达官贵人要看我表演，都得提前预约。要放在现在，我也算是大汉朝的顶流明星了，喜欢我的人不限阶层和岁数，喏，皇帝是我最尊贵的粉丝……

我的档案

出生年代：东汉

籍贯：四川省成都市天回山东汉崖墓

现家庭住址：中国国家博物馆

身高：56 厘米

个性签名：我的人生我 RAP

知识小辞典

说唱俑：以写实主义手法塑造的中国古代表演滑稽戏的俳优造型。这种表演的特点是诙谐、幽默，多为一人说唱，以小鼓击节伴奏。

我的出生地

我的家乡简称“蓉”，地处成都平原腹地，河网纵横，物产丰富，自古就有“天府之国”的美誉。我们这里是古蜀文明的发祥地，自汉至宋，一直是全国有名的大都会，世界上第一种纸币——交子就是在我的家乡发明的。

天回镇：位于成都金牛区，为成都市城北贯通一二三圈层骨干路网和通往东部地区的起点。

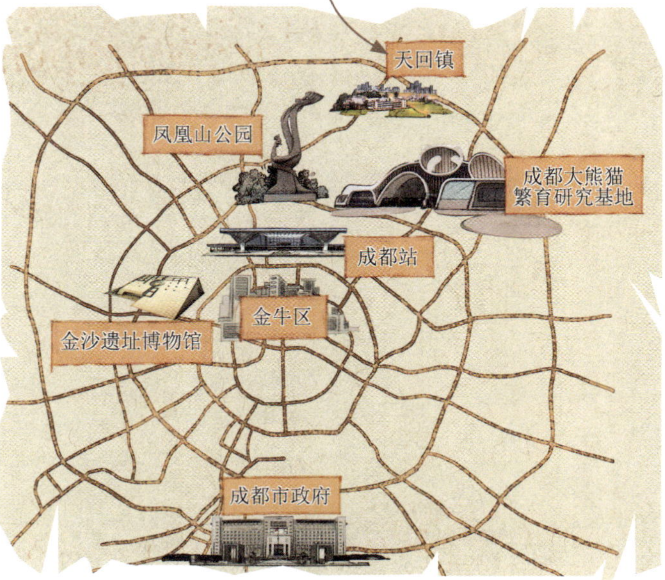

我的出身

我是一名俳（pái）优，就是一个以乐舞谐戏为业的艺人，啥？听不懂？简单地说，就是我用音乐和舞蹈形式，配合夸张、诙谐的语言来演喜剧，这么说，你们就明白了吧。我们这一行，靠的不是颜值，是逗笑的能力，而且还得随机应变，于笑中规劝警示别人。

我的潮流

说唱表演在我们汉朝，那可是极受欢迎的。一般人养不起我们，我们很多都有固定的皇室或贵族“老板”，得时常陪在其左右，随时就有可能作即兴表演。我们的表演以戏谑、滑稽和讽刺为主，为的就是博得旁观者一笑。听说现代管我们的这种艺术叫“Rap”，也很火爆。

我的样子

我是由泥质灰陶制成，彩色外衣在岁月打磨中已经脱落了。我戴着包裹鬓发的巾帕，赤裸上身，下穿长裤；左臂抱着常用的小鼓，右臂扬起，举着鼓槌。夏天太热，索性光脚，右腿扬起，准备起跳。正说到高兴处，我伸手、耸肩，眯缝双眼，张口露齿，瞧，抬头纹那么深都不知道。哎！

我的地位

在四川，说唱俑在我们那个时代并不少见，各式各样的都有出土，但形象如此夸张、浪漫的却只有我一个。所有见过我的人，都被我投入的表演、真诚的笑容所打动，忘却了一切的烦恼。因此，我就有了“汉代第一俑”的美誉。

你知道吗？

俳优在春秋战国时期已经出现，他们侍奉君主，以幽默的话语、滑稽的表演为君主排遣无聊。秦汉时富贵人家蓄养俳优之风非常盛行，皇帝更是如此。机智胆大的俳优也会利用自己的特殊身份，在取悦君主的同时，也对君主一些不切实际的想法或不合理的行为进行讽谏。

造字本义

形声字，人表意，甬表声，本义是古代用来殉葬的木偶或陶偶。

现本义

同原义。

拉票环节

我不但反映了东汉时期塑造艺术的高度成就，也是中国曲艺发展史的重要见证人，同时还让后人见到了汉朝的民风、民俗，是不是足以让大家投我一票？

石质出版第一书：

熹平石经

你问我为啥有纸不用非要刻石碑？嗯，这么说吧，我之所以成为咱们中国第一部官定石刻经本，是因为要平息两大文人团体的争吵。你们是不知道，吵得太可怕了……

我的档案

出生年代：东汉

籍贯：河南省洛阳市偃师区朱家圪垱村（太学遗址）

现家庭住址：西安碑林博物馆、洛阳博物馆、中国国家图书馆等

个性签名：气质最硬的教科书

知识小辞典

石经：中国古代刻于石碑、摩崖上的儒家经籍和佛道经典，最早出现于公元1年，有名的如熹平石经、正始石经、开成石经等。

我的家乡

我的家乡商汤时称为西亳（bó），周武王东征伐商纣王时回师西亳，在此筑城，安息休整军队，改为偃师。此后夏、商、东周、东汉、曹魏、西晋、北魏先后有7个朝代在我们这里建都。告诉你们个秘密：大唐高僧玄奘就出生在我们这里。

玄奘故里景区：位于偃师区缑（gōu）氏镇陈河村中部，北依景山，南望嵩岳。陈氏后裔们于每年农历三月初九举行玄奘诞辰纪念活动。

我的出生

汉朝时儒学成了启蒙、考试、当官的必备知识，自然也造就了很多儒学大师，大师们分成了古文经学和今文经学两大派，都觉得自己最正宗，天天吵，天天吵，就差直接上手打架了。汉灵帝也快要疯了，就让人把儒家七种经典书籍用隶书刻在所有人都能看到的石碑之上，自此后，我就是标准！

我的经历

完工后，我一直站在洛阳偃师县太学门外，这可是我们大汉朝最高的学府，我多骄傲啊。然而，董卓这个大混人，一把火烧毁了洛阳宫庙，太学被肆意破坏，我也没能幸免。于是，我就被一些别有用心的人运来迁去，结果你们也看到了，现在的我就剩些碎石残片了。

我的内容

我一共由46块碑组成，前后共花了8年多，才用方平正直的隶书把《周易》《尚书》《诗经》《仪礼》《春秋》《公羊传》和《论语》内容刻完。每块石碑高3米多，宽1米多，双面刻文，约20.0911万字。

造字本义

象形字，其古字形像山石形。本义为岩石。

现本义

原义或古代用来治病的砭石。

拉票环节

我本应该是儒家经典范本的永久性文献，国标汉隶字体成为后世子孙研究汉朝书法的主要依据。只可惜因为战乱残缺不全，如果你们不嫌弃，倒也可以投我一票！

策划统筹：王波　王震
插图绘制：豆豆鱼绘制
美术编辑：罗筱筱

天亮了，国宝们的自我介绍也都结束了，你觉得它们中的哪些能进入中国文化代表团呢？拿出笔，写下你心目中的“中华之光”成员吧！

馆藏文物是中华优秀传统文化的最好见证，了解它们，就是在延续中华文脉，传承民族记忆。用喜闻乐见的方式“让文物活起来”，就是在孩子们的心田播撒下人类文明传承与互鉴的种子。

——郭思克　中国博物馆协会常务理事、山东省博物馆学会理事长、孔子博物馆馆长

历史长河中遗留下来的文明碎片，是中国五千多年历史的缩影。文物里承载的中华文明博大精深，生生不息。让孩子走进博物馆，亲近文物，就是在为历史续写未来！

——陈水华　中国博物馆协会常务理事、浙江省博物馆馆长、研究馆员

用心去聆听，沉默的国宝真的会说话。跟随它们在时间的长河里徜徉，你会穿越进历史的时空里，感悟到既往的厚重与未来的美好。

——庞雅妮　陕西历史博物馆副馆长、研究馆员

山东友谊出版社
微信公众号

绿色印刷产品

上架建议：小学历史 / 科普

ISBN 978-7-5516-2401-5

定价：158.00元（全4册）

历史里的秘密

博物馆奇妙夜 ③

主编　柳霞（山东社科院研究馆员）
出品　尚青云简

山东友谊出版社 · 济南

历史里的秘密

博物馆奇妙夜③

主编　柳霞（山东社科院研究馆员）
出品　尚青云简

山东友谊出版社·济南

图书在版编目（CIP）数据

博物馆奇妙夜：历史里的秘密 / 柳霞主编 . -- 济南：山东友谊出版社，2022.2（2022.4 重印）

ISBN 978-7-5516-2401-5

Ⅰ . ①博… Ⅱ . ①柳… Ⅲ . ①历史文物 – 介绍 – 中国 – 青少年读物 Ⅳ . ① K87-49

中国版本图书馆 CIP 数据核字（2021）第 245028 号

博物馆奇妙夜：历史里的秘密
BOWUGUAN QIMIAO YE LISHI LI DE MIMI

责任编辑：肖　杉
装帧设计：丁运哲　果子

主管单位：山东出版传媒股份有限公司
出版发行：山东友谊出版社
地址：济南市英雄山路 189 号　邮政编码：250002
电话：出版管理部（0531）82098756
发行综合部（0531）82705187
网址：www.sdyouyi.com.cn
印　　刷：济南乾丰云印刷科技有限公司

开本：787mm × 1092mm　1/12
印张：16　**字数：**240 千字
版次：2022 年 2 月第 1 版　**印次：**2022 年 4 月第 2 次印刷
定价：158.00 元（全 4 册）

CONTENTS
目录

白玉杯

大家一直说我典雅大方，温柔可人，这跟我的性格有关。我不喜欢花里胡哨的东西，素净是我发自内心的追求……

鸭形玻璃注

终于轮到我了。我好看吧，是不是很美？别看现在玻璃制品很常见，到处都是，但在古代，尤其是我们那个时代，玻璃可是件稀罕物，咱们中国还没掌握这个技术……

葡萄花鸟纹银香囊

巧吧，那自然不是一般工匠的手艺。当年我是娘娘们最喜欢的小物件之一，尤其是杨贵妃。她可是盛唐标志之一，连外国人都喜欢她……

漆木屐

我光秃秃的不好看？这跟我第一个出场有什么关系？当年我可不是这样，再说了，正是因为有了我，才堵住了很多日本学者的嘴，要不他们就在联合国吵翻天了，非说木屐是属于大和民族的物质文化遗产……

鎏金舞马衔杯纹银壶

我出名，一不靠出身，二不靠颜值，完全是因为身上这匹马。这可不是一般的马，是大唐王朝最负盛名的祝寿马，会跳舞，会转圈，会献酒……

钱镠铁券

啥？我不像金牌？你以为是奥运会呐，我身上的文字是金的，只是年头久了，被铁锈给影响了，嘿嘿！大唐统治的289年中，一共发了4个免死金牌，我是唯一一个留存下来的。

镶金兽首玛瑙杯

1982年英国“铁娘子”撒切尔夫人访华，她看到我时，开玩笑说要拿我换香港早回归。自此后，我就有了“抵半个香港”的身价……

这是一群特殊的“客人”，在某著名博物馆的大殿里，每当午夜十二点的指针一过，它们准时清醒，充满生机地活跃起来，头对头、面对面地攀谈起来。

你看，今晚有个叫“贾湖骨笛”的家伙自荐当了主持人，说从今天晚上开始，要大家逐一自报家门，进行才艺比拼，最后投票选出能代表中国文化的10位成员组成“中华之光”，进行世界巡回演讲……

伏羲女娲图

看仔细点，这就是咱们中华民族传说中的先祖，是他（她）们开创了这个世界，创造了人类，并教会人类如何在这个世界生存和发展……

马头鹿角金饰件

麻烦？我们鲜卑族贵妇摇曳长裙，脚步轻移时，头上巍峨的金饰叮当出声，平添了很多风情呢。不是上流社会美妇，轻易也不敢尝试……

三彩载乐骆驼俑

热闹吧，我出场都自带BGM，瞧瞧咱这流动的舞台，随时都可以开演。今天，算你们来着了，我不收门票，好好给你们演一场……

汝窑青瓷水仙盆

我不爱说话并不是高傲。以我沉静的性格，抛头露面是大忌，更别说在大庭广众之下介绍自己。我们家族长久以来的美誉，都胜在了素面和柔莹。

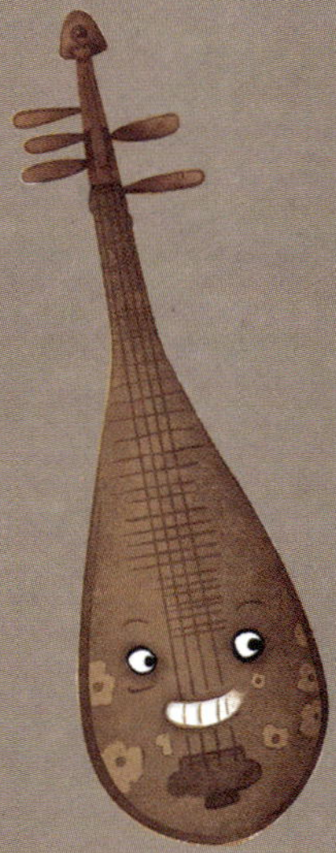

螺钿紫檀五弦琵琶

我啊，是目前世界上唯一一个五弦琵琶实物了，再想看，就只能去甘肃敦煌看壁画中的飞天了。但是在日本再受尊崇，我也很想家……

最古老的“人字拖”：漆木屐

啥？嫌我光秃秃的不好看？当年我可不是这样，再说了，正是因为有了我，才堵住了很多日本学者的嘴，要不他们就在联合国吵翻天了，非说木屐是属于大和民族的物质文化遗产……

我的档案

出生年代：三国·吴

出生地点：安徽省马鞍山市朱然墓

现家庭住址：马鞍山市博物馆

身材：长 20.5 厘米，宽 9.6 厘米，厚 0.9 厘米

体重：0.69 千克

个性签名：木屐恒久远，一双永流传

我的家乡

我的家乡马鞍山在安徽省东部，横跨长江两岸，在长江下游，相传是楚霸王项羽死后，爱骑乌骓追他而去，马鞍落地化成山，我们这个地方就因此得名。我的家乡西周时归吴国，最近听说被授予“国家森林城市”称号，欢迎大家去我们那里参观噢！

三国朱然墓园：出土许多珍贵文物，部分漆器填补了三国美术史的空白，也是已发掘东吴墓葬中墓主身份最高、墓葬规模最大、时间最早的大墓。

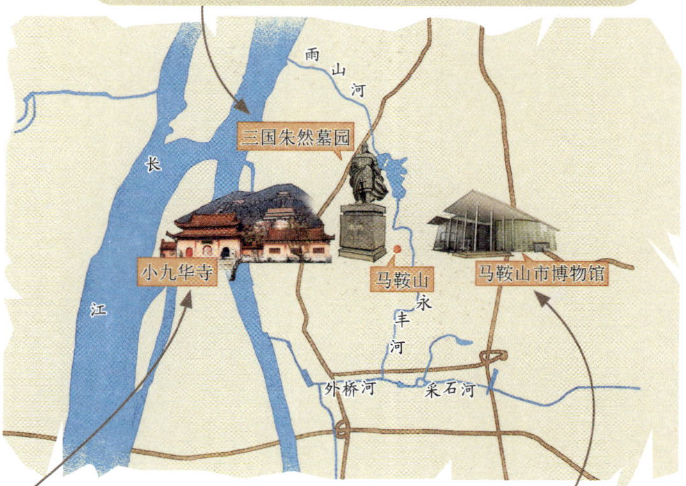

小九华寺：又名九华禅院，位于长江东岸。相传是纪念地藏菩萨诞辰而建。红墙碧波，晨鼓暮钟，橹声梵音，香火旺盛。

马鞍山市博物馆：国家二级博物馆，馆藏各类文物近万件，六朝时期文物约占藏品总量的 60% 以上。

我的国家

三国孙吴政权的开国皇帝是汉末长沙太守孙坚的儿子孙权。乱世之中，与曹魏、蜀汉争天下可不是件容易的事，直到280年被西晋所灭，我们一共历经了4位皇帝，国家存在了52年。短？就这，我们孙吴还算三国里存在时间最久的国家呢。

我的主人

我的主人是三国时代的名将朱然，他年少时曾跟孙权一起读书，君臣两个人自小关系就很好。但我的主人可不是靠这种关系当的官，他才华横溢，战功赫赫，尤以在江陵保卫战中以少胜多对抗曹魏的出色表现，名震四方，被封为“当阳侯”。

拉票环节

在很多人的认知里，木屐是日本人的传统鞋子，日本人甚至要拿它去申请物质文化与自然遗产。我的出现，证明这一切不过是误会，木屐只是传入日本的中国传统足衣而已。就这点，就值一票！

汉字王国

金文	小篆	隶书	楷书
屐	屐	屐	屐

造字本义

形声字，一种笨重的木底鞋。

现本义

泛指鞋。

我的样子

我的屐板和屐齿由一块木板刻凿而成。圆头屐板，下有前后两个屐齿，上有三个系孔，原本是有漂亮的彩绳，现在早都腐朽没了。我身上还镶嵌有彩色的小石粒，现在也没了。

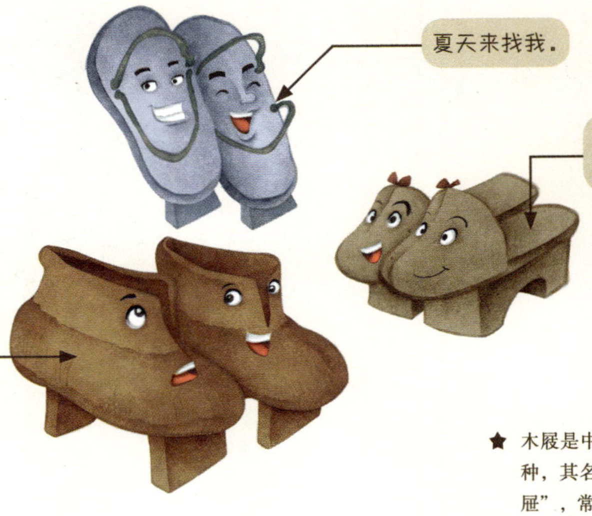

★ 木屐是中国汉服足衣的一种，其名来自中古音“屐屉”，常称作木屐。

我的意义

一直以来，木屐跟日本文化联系在一起，日本人把木屐称为“国粹”。我的出现，证实了木屐最早发源于中国，是唐朝时由日本的遣唐使和留学生带回日本并流传至今的。要知道，木屐在咱们中国属最古老的足衣。人们发明我出来，一是为了方便在雨天和泥地上行走，二是为了防止脚部被带刺杂草划伤。

知识小辞典

木屐：是一种两齿木底鞋，多用木料制成，故得名。鞋面若为帛称为帛屐，若为牛皮则称作牛皮屐。通常由屐底、绳带和屐齿三部分构成。屐底由木头制成，上穿小孔用来穿绳带；屐齿前后各一个，高度大约是 6 ~ 8 厘米。

低调的奢华：白玉杯

大家一直说我典雅大方，温柔可人，这跟我的性格有关。我不喜欢花里胡哨的东西，素净是我发自内心的追求……

我的档案

出生年代：三国·魏

出生地点：河南省洛阳市涧西区曹魏正始八年墓

现家庭住址：洛阳博物馆

身材：高 11.5 厘米，口径 5.2 厘米，底径 4 厘米

个性签名：风向与时尚的代言

知识小辞典

酒杯：饮酒器具之一，基本器型多为圆筒状或喇叭状，材质有金、银、铜、玉、木、玻璃和陶瓷等。最早为陶制，产生于新石器时代。

我的家乡

我的家乡洛阳因地处洛水之阳而得名，横跨黄河中游两岸，“居天下之中”，被称为“九州腹地”。我们这里是华夏文明的发祥地之一，丝绸之路的东方起点，隋唐大运河的中心，历史悠久，与西安、南京、北京并列称为中国四大古都。

洛阳博物馆：洛阳市的文化地标，馆藏文物 40 多万件，以夏商周三代青铜礼器、汉唐陶俑、唐三彩和宋代瓷器独具特色。

定鼎门遗址博物馆：定鼎门是迄今为止我国发现沿用时间较长的古代都城城门。博物馆由城门、城墙、城楼和阙楼组成。其中城台、城墙、阙台内部为遗址保护和展示区，城楼、阙楼内部空间为陈列展览区。

我的发现

我待的那个地方在考古专家到来之前，几乎都被盗空了，只剩下一个被丢在地上、不值钱的铁帷帐架，它唯一的价值就是上面刻了表明年代的铭文。幸好我浑身裹满了泥，个头又小，才躲过了盗墓贼之手。

我的国家

我属于三国时的魏国，由魏王曹操的儿子曹丕所建。当然了，手段也不是很光明正大，但不可否认的是，我们的国力远胜于蜀汉和东吴。我出生时在位的皇帝是齐王曹芳，人们就是通过墓里“正始八年”的铭文知道了我的时代背景。

我的样子

我直口筒状，圆盘状矮足，是用一整块新疆上等和田白玉雕琢而成，玉质莹润细腻，微微泛青，没有任何纹饰，抛光工艺特别精湛，我往光线下站站，你们看，是不是异常通透？

我把我讲给你听

我的意义

与汉时的厚葬之风不同，曹氏父子都提倡薄葬，一是因汉末战乱让整个社会生活疲敝，二是怕招来盗墓贼。时代文化也变得崇尚自然，随遇而安，大家都很欣赏“清水出芙蓉，天然去雕饰”的风格，我就成了时代最好的代表。

汉字王国

甲骨文	金文	小篆	隶书	楷书
酒	酉	酒	酒	酒

造字本义

形声字，左形右声，“酉”是“酒”的本字，指酒器，后加三点水，强调酒器中饮料的液态之形。是用高粱、米、麦或葡萄等发酵制成的含乙醇的饮料。

现本义

除本义外，还引申为动词，表示饮酒。

拉票环节

曹魏时期的玉杯，目前我是孤品。由酒具及酒文化，由酒文化及时代变迁，我反映出的是自汉至魏晋的历史民俗。大家投不投我都没关系，记住我就好！

奢华里的异域风情：

马头鹿角金饰件

麻烦？那是你们不太了解我们当时的鲜卑族贵妇。摇身长裙，脚步轻移，巍峨的金饰叮当悦耳，平添了很多风情。不是上流社会美妇，轻易也不敢尝试呢……

我的档案

出生年代：北朝

出生地点：内蒙古自治区达茂旗

现家庭住址：中国国家博物馆

身高：16.2 厘米

体重：约 70 克

个性签名：高大上必备神器

知识小辞典

步摇：中国古代妇女的一种首饰，取其行步则动摇之意，故名。因制作工艺精细、材料贵重，最初为王后礼服必配首饰。到唐朝时寻常人家女子也可佩戴。

我的家乡

我的家乡地处中国北疆，全名为“达尔罕茂明安联合旗”，达尔罕意为“神圣不可侵犯”，茂明安意为“千户部落”。先秦至汉时，这里是匈奴人的游牧聚居地，南北朝时归我们鲜卑族人居住。

白云鄂博矿区：蕴藏着占世界已探明总储量 41% 以上的稀土矿物及 175 种矿产资源，是享誉世界的“稀土之都”。

乌梁素海：蒙古语意“生长红柳的地方”，为黄河改道形成的河迹湖，中国八大淡水湖之一。素有“塞外明珠”“塞外都江堰”之美誉。

我的时代

我出生于公元6世纪的南北朝时期，这时中国境内南北分裂、相互对峙。南朝有宋、齐、梁、陈四个政权更迭，北朝先后成立的政权更多，除北齐由鲜卑化汉人所建外，其余均由鲜卑族建立。

我把我讲给你听

★ 鲜卑族贵妇所特有的头上装饰，具有辟邪和祥瑞的作用。

我的民族

起源于东北的鲜卑族是中国古代北方游牧民族之一。那个时候匈奴人老欺负我们，匈奴分裂后，我们才得以自由发展。后来我们建立了北魏，是北方少数民族中唯一从森林到草原，进而入主中原的政权。

我的样子

我是马头，竖耳，头顶连接长长的枝杈式鹿角，每根枝杈枝梢卷成小圆环，环上穿桃形叶片。马的眼睛、耳朵和鹿角等部位上镶嵌有珠宝，不过现在已经掉了不少。

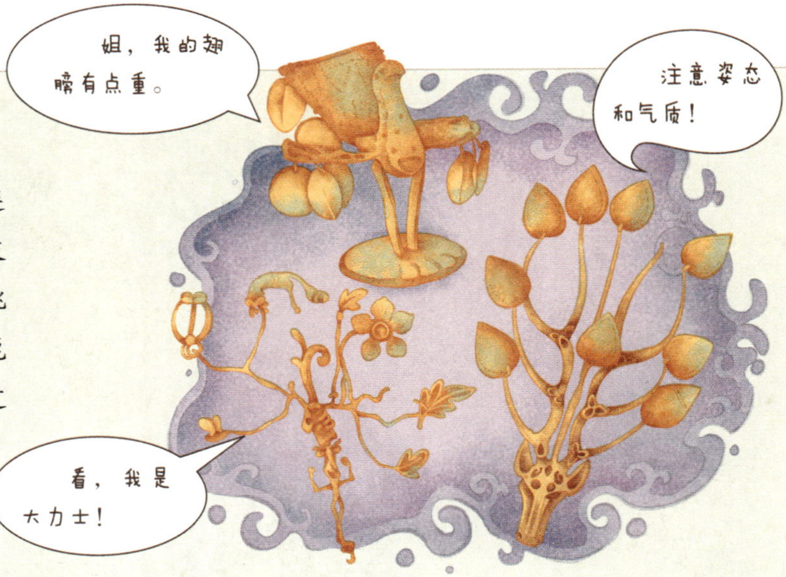

我的意义

我有个学名叫“步摇”，装饰于鲜卑贵妇的头冠上，她们一行走，我的叶片就会随着晃动而发出声响，衬托出主人的高贵仪态。我可是当时上流社会贵族妇女们最喜爱的头饰。

造字本义

形声字，左声右形，意为人用巾拭物体表面，以增其光彩。“刷”为其本义。

现本义

本义遮掩，又引申为装饰，修饰或装饰用的东西。

拉票环节

我是特定时代少数民族风情的文物代表，也是咱们中华民族大家庭里独特的一员。从我身上，可以看出民族融合的痕迹，我的意义不同凡响！投我！

草原丝路的见证：鸭形玻璃注

好看吧，我自己也觉得很美呢。啥？不就是玻璃？别看现在玻璃制品很常见，到处都是，但在古代，尤其是我们那个时代，玻璃可是件稀罕物，咱们中国还没掌握这个技术……

我的档案

出生年代：北燕

出生地点：辽宁省北票市西官营村

现家庭住址：辽宁省博物馆

身材：长约20.5厘米，腹径约5.2厘米

体重：70克

个性签名：一入草原深似海，从此罗马是路人

我的家乡

我的家乡是辽宁朝阳市代管的县级市北票。朝阳市因境内凤凰山上的朝阳洞得名，位于辽宁西部，别称“龙城”，春秋时期是山戎、东胡人的活动区域。北票古称“川州”，清光绪年间发现了煤矿，因朝廷颁发开采龙票且煤矿均在朝阳以北，而得名。

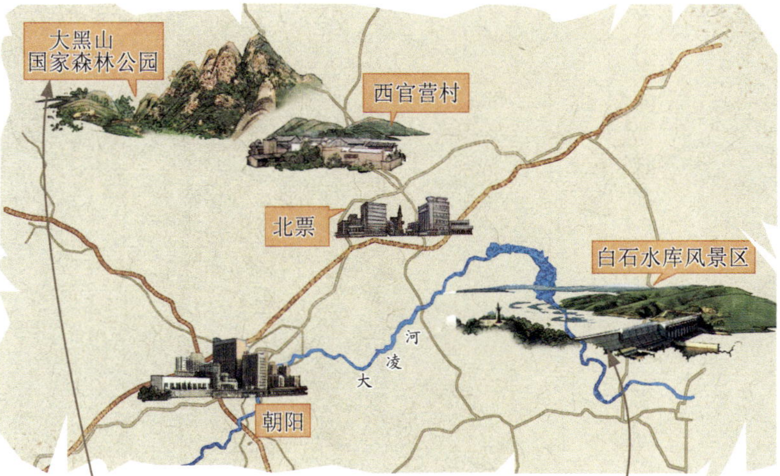

大黑山国家森林公园：辽宁省级生态旅游示范区，聚集了华北、内蒙古高原及大兴安岭植物的特点，生长着辽西地区面积最大的原始次生林。

白石水库风景区：地处朝阳、阜新、锦州三市中心地带，交通便利，地理环境优越。集山、水、树木、餐饮、住宿、休闲、娱乐于一体。

我的时代

我出生的东晋十六国是中国历史上的大分裂时期。除东晋外，汉地北部和西南部先后建立了二十多个国家，其中有十六个国家实力强劲，我的国家北燕就是其中之一。

我的主人

我的主人是北燕文成帝冯跋之弟冯素弗，他又高又帅，性格豪爽，虽说出身显贵，任宰相治理有功，但为人却很谦虚，不浪费也不奢侈，对臣下也很大度，大家都很喜爱他。我的主人死的时候，君主跑去哭了七次，次次都悲痛欲绝。

金文	小篆	隶书	楷书
玻	玻	玻	玻

造字本义

形声字，王（玉）为形，皮为声，就指玻璃，一种质地硬而脆的透明物品。

现本义

除本义外，也用来称呼某些透明的含玻璃的质料。

知识小辞典

玻璃器：明清时被称为"料器"。最早发现于西周末期，明清以前发展缓慢，存世极少。清时引进西欧玻璃制造技术，制造出很多精美制品，且在民间普及。

我的样子

我呈淡绿色半透明状，鸭嘴状开口，长颈，鼓腹，尾巴细长，尾尖微残。颈部饰一周锯齿纹带，象征鸭颈的花羽；背上则以玻璃条粘出一对雏鸭式的三角形翅膀，腹下两段波状的折线纹拟双足，腹底贴一饼状圆玻璃。

我的地位

我平时放不稳，是因为我的重心在前，要是肚子里装一半水时，就站得很平稳了。要是装满水，水就会从我的嘴里流出去了。由于年代和技术所限，当时的我可是不亚于黄金珠宝这类奢侈品。他们都说我是从古罗马通过丝绸之路千里迢迢运回北燕的，我的出世证明了辽宁朝阳地区是北方草原丝绸之路的重要节点地区。

拉票环节

我虽然来自遥远的罗马帝国，但在中国待了这么多年，已经很喜欢很喜欢这里。柔然与北燕的友好，是支撑我落户中国的桥梁。这段经历很神奇的，你们可以投我一票，听我好好讲讲！

盛世繁华里的歌舞升平：

鎏金舞马衔杯纹银壶

我之所以出名，不是因为出身好，也不是因为颜值高，而是因为身上的这匹马。啥？不就是匹马？这可是大唐王朝最负盛名的祝寿马，会跳舞，会转圈，会献酒……

我的档案

出生年代：唐朝

出生地点：陕西西安南郊何家村

现家庭住址：陕西历史博物馆

身高：14.8 厘米

体重：549 克（唐制十三两半）

个性签名：音乐，没有物种之别

我的家乡

我的家乡古称长安，地处关中平原中部，北濒渭河，南依秦岭，是咱们中华民族的重要发祥地之一，丝绸之路的起点，因为历史悠久而名列中国四大古都之一。何家村要不是因为发现了我们这一批无主宝藏，说不定至今还籍籍无名。

陕西历史博物馆：中国第一座大型现代化国家级博物馆，馆藏文物 171.795 万件（组），时间跨度长达一百多万年，被联合国教科文组织确认为世界一流博物馆。

大唐芙蓉园：中国第一个全方位展示盛唐风貌的大型皇家园林式文化主题公园，以紫云楼为中心，主要景点都围绕在芙蓉湖周围。

我的时代

我出生在极盛时期的唐朝，当时在位的是以英明和爱情出名的唐玄宗。他可不是一般人，胸怀宽广，志向远大，任用贤臣能将，开创了名留青史的“开元盛世”。当时的长安城内，外宾云集，他们还可以在唐朝任官，老百姓都富裕安乐。

我的来历

每到唐玄宗过生日，我们称之为“千秋节”那天来临时，他都会在居住的兴庆宫举行盛大宴会，招待前来朝贺的文武百官、外国使臣和少数民族首领。宴会的保留节目就是舞马祝寿，上百匹骏马身披锦缎，颈挂金铃，踏着节拍跃然起舞的场面，壮观极了。乐章高潮之时，领头的舞马会衔起地上斟满酒的酒杯，下跪在唐玄宗面前，为他敬酒祝寿。

我的样子

我以北方游牧民族所用的皮囊为造型，整体银质，覆莲瓣式壶盖，有一条细银链跟提梁相连。腹部錾刻舞马纹，近圈足处饰同心结纹。覆莲纹盖、提梁、舞马和同心结纹皆鎏金处理。

我的地位

可惜安史之乱的爆发，不但中断了盛世的进程，还让最后一批舞马被不明就里的叛军士兵杀掉，自此以后“舞马”技艺逐渐失传，只留存于文字资料中。我的发现，是目前唯一能证明唐玄宗生日宴会上舞马衔杯祝寿的实物资料。

汉字王国

壶

甲骨文		金文		小篆	
隶书	壺	楷书繁体	壺	楷书简体	壶

造字本义

象形字，由壶盖、容器和底座组成。本义是陶瓷或金属制成，用来装液体的器具。

现本义

除本义外，也用来指像壶的形状或出水状态的东西。

拉票环节

舞马兴于唐玄宗，亡于安禄山，是唐王朝由盛转衰的例证。没有我，舞马仅是文字资料。投我，见证大唐王朝的兴衰！

移动的小香炉：
葡萄花鸟纹银香囊

巧吧，那自然不是一般工匠的手艺。当年我是娘娘们最喜欢的小物件之一，最出名的是谁？杨贵妃呗，盛唐大美人，连外国人都喜欢她……

我的档案

出生年代：唐朝

出生地点：陕西省西安市南郊何家村

现家庭住址：陕西历史博物馆

身材：外径 4.6 厘米，链长 7.5 厘米

个性签名：闻香方识美人来

知识小辞典

香囊：用来盛放香料的小袋子。古时用来提神、防病、辟邪及破除秽恶之气，质地种类有丝绸、布料、金、银、玉、石等。

我的出生地

我们那里当时还不叫何家村，而是兴化坊的一部分。大唐时可是皇亲国戚、高官显贵聚集居住的黄金地带。这也是我们被发掘出来后惊艳世人的最主要原因。何家村一共就出土了 2 个陶瓮，1 个银罐，却让后人看到了 1000 多件文物。

文昌门：因城墙上曾建有魁星楼而名，是西安城墙上唯一一处与军事防御无关的设施。

大雁塔：现存最早、规模最大的唐代四方楼阁式砖塔，由玄奘法师亲自主持建塔，历时两年建成。

我的发现

1970 年 10 月，在何家村的基建工地上，施工人员在距地面 0.8 米深处发现了我们，金银玉器、玛瑙水晶、钱币琉璃、名贵药材等，热热闹闹一共 1000 余件。激动的考古学家称我们为“何家村遗宝”。

我的传说

安史之乱的爆发中断了唐玄宗的盛世之梦，他带着杨贵妃狼狈逃出长安，在马嵬坡因兵变被迫赐死杨贵妃。回长安后，他派人去秘密改葬杨贵妃时，却发现除了我之外，其他都已腐坏。唐玄宗对着我和画像伤感叹息，郁郁而终。

我的样子

我外观呈球体样，由合页相连的上下两个半球组成，内有两个双轴相连的同心圆机环和一个盛放香料的金盂。这个同心圆可是我们当时的“黑科技”，在重力作用下，即使金盂随意以任何角度转动，它都可以保证香料不会倾洒出来。

我的流行

盛唐时的长安城可是中国金银器制造中心，工匠们的技艺高超非凡。上流社会青睐的金制和银制香囊成为当时皇室和贵族妇女争相佩戴的奢侈品。居家、狩猎、出游，香囊必随身携带，不但能香气盈盈，还可以彰显身份。

造字本义

会意字，上面是禾黍之形，以及散落的黍粒，下面是盛禾黍的器皿。指谷物的芳香。

现本义

引申为一切好闻的气味或好吃的味道，由香味或香料制成的物品。

拉票环节

香囊的唯美与馨香，与千古流传的帝王情爱联系在一起，确实也非常合适。熏香不仅是咱们中国人古老的随身饰品，也是一种生活美学。从“休沐”到“斗香”，中国人对于雅致和美好生活的追求何曾变过？投我，中国香！

丝路文化交融见证者：镶金兽首玛瑙杯

没错，我就是那个 1982 年英国“铁娘子”撒切尔夫人访华时开玩笑要拿我换香港早回归的，自此后，我就有了“抵半个香港”的身价……

我的档案

出生年代：唐朝

出生地点：陕西西安南郊何家村

现家庭住址：陕西历史博物馆

身材：通高 6.5 厘米，长 15.6 厘米，口径 5.6 厘米

个性签名：仙人将桂阙，携去饮流霞

知识小辞典

玛瑙：石英类矿物的一种，色彩丰富，半透明或不透明。按图案和杂质可分为缟玛瑙、缠丝玛瑙、苔玛瑙、城堡玛瑙等。

我的朝代

专属我们盛唐的大气和豪迈，在文艺界代表“诗仙”李白的身上烙印最深。除了他广为流传的诗篇外，还有他“斗酒诗百篇”的传奇。我们那个年代，酒肆遍布，上至皇帝，下到平民，无一不好酒。酒类多样，酒具讲究，为适应不同酒的气质，金、银、玉各种材质轮番上阵。

青龙寺：唐朝佛教真言宗祖庭，为皇家护国寺庙，唐代密宗大师惠果长期驻此，日本著名的留学僧“入唐八家”先后在青龙寺受法。

我的样子

我牛形兽首，兽嘴处镶金，头顶一双羚羊大角。杯身呈角形，圆形口。除了造型奇特、可爱外，我的缠丝玛瑙材质是以深红色、淡红色为主调，中间夹有一层淡白，通过俏色工艺巧妙地表现了羊角的质感和天然纹理。

我的来源

在西方，我被称为“来通”（希腊语），只出现在向神致敬的场合，但在中亚和西亚却很常见。关于我的来源有四种说法，一是使者从西域带入中原，二是大康国（今乌兹别克斯坦撒马尔罕地区）在开元十六年（728年）进贡的，三是出自居住在长安的中亚或西亚工匠之手，四是唐代工匠学习外来工艺之作。你们猜猜，究竟是哪一种呢？

汉字王国

甲骨文	[illegible]	隶书	獸
金文	[illegible]	楷书繁体	獸
小篆	[illegible]	楷书简体	兽

造字本义

会意字，古人打猎举旗，带犬，合起来就是众人率犬打猎。本义就是捕捉禽兽的活动，即打猎。

现本义

指四足的哺乳动物，多指野兽。用作形容词时，比喻野蛮、残忍。

我的地位

我是迄今为止唐代所见唯一的一件红色玛瑙玉雕，不但代表了唐王朝玉器的精湛技艺，也象征了大唐王朝的财富和权力，同时我还是大唐与外来文明在碰撞中诞生的璀璨的火花之一。

拉票环节

说实话，喝得起82年拉菲的人都用不起我这样的杯子。在我的基因里，藏着大唐盛世的密码，冲我的颜值和文化底蕴，投我准没错！

一张丝路巡回乐团的演出照：三彩载乐骆驼俑

热闹吧，我出场都自带BGM，瞧瞧咱这流动的舞台，随时都可以开演。今天，算你们来着了，我不收门票，好好给你们演一场……

我的档案

出生年代：唐朝

出生地点：陕西省西安市西郊中堡村

现家庭住址：陕西历史博物馆

身材：通高 58 厘米，长 43.4 厘米

个性签名：心有多大，舞台就有多大

我的朝代

我的家乡位于西安西南，南依秦岭，北临渭河，原称鄠县、户县，现为西安的鄠邑区。夏归有扈氏国，商时为西伯（周文王）的政治中心。现为中国现代民间绘画之乡、中华诗词之乡和围棋之乡。

渭河：古称渭水，发源于甘肃鸟鼠山，至渭南市潼关县汇入黄河，是黄河的最大支流。渭河流域西为黄土丘陵沟壑区，东为关中平原区。

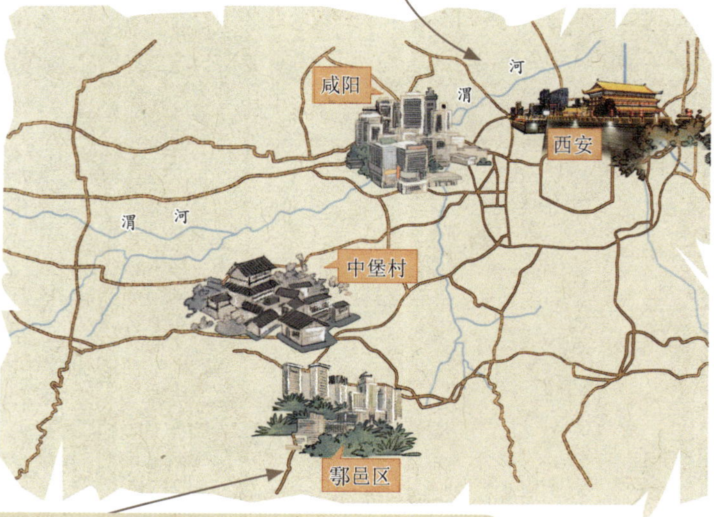

鄠邑区：原称户县，位于关中平原中部，南依秦岭，北临渭水，是西安国际化大都市 3 个副中心城市之一。地近古城长安，历史悠久，境内文物古迹星罗棋布。

我的发现

我跟前面的一些前辈一样，也是在沉睡中被唤醒的。1959 年 6 月下旬，基建中的人们无意扰动了我们，就这样，我跟很多伙伴一起猝不及防地就这样露面了。

我的演出

看，丝竹之中，驼背之上，一场专属丝路的音乐盛宴正在进行：这支由 8 人组成的流动乐团以驼背为舞台，认真地开始了演奏。头戴软巾、身穿窄袖长袍的 7 名男乐人盘腿朝外，手持笙、琵琶、排箫、拍板、箜篌（kōnghóu）、笛和箫，中间 1 名环发高髻、体态丰腴、窄袖长裙的女乐人正翩翩起舞。听到尽兴处，连骆驼都忍不住摇头晃脑。乐团诸人姿势各异，神情专注，皆为美妙音乐所陶醉。

我的背景

汉朝开通的丝绸之路到唐时已是另一番景象，由于东西方经济文化交流的频繁，海陆两条丝绸之路更为繁忙和热闹。无数不畏艰险的使者、不怕奔波的商人、心志坚韧的僧侣、吃苦耐劳的迁徙者，借着骆驼或马匹，穿越茫茫沙漠和草原纷至沓来，带来了异域的音乐舞蹈、饮食及器皿，为大唐盛世的繁华做出了不可磨灭的贡献。

★ 自从张骞通西域开辟丝绸之路后，中国内地与中亚、西亚和欧洲的交流就以此为动脉流动不绝。

我的地位

我的乐者们持的是胡人乐器，跳的是流行于唐开元天宝年间的“胡部新声”舞蹈，这种舞蹈在当时的长安风靡一时。逼真写实又色彩艳丽，充满了浓郁的浪漫主义色彩，他们夸我是唐三彩俑中的压卷之作，我自己也这么认为。是不？

三彩骆驼载乐俑

知识小辞典

唐三彩：一种低温铅釉陶器，始于南北朝，在唐朝因厚葬之风而达到鼎盛。釉彩有黄、绿、白、褐、蓝、黑等色，而以黄、绿、白三色为主而得名。按造型分，可分为生活用具、模型、人物、动物四大类，动物中以马和骆驼居多，人物以宫廷侍女为主，釉色艳丽，造型生动。

汉字王国

俑

金文	俑	小篆	俑
隶书	俑	楷书	俑

造字本义

形声字，从人。古代陪葬用的偶人，一般为木制或陶制。

现本义

同本义。

拉票环节

以驼代步，悠悠而歌的巡回乐团并不多见。投我，投我！

飞天所持的人间神品：
螺钿紫檀五弦琵琶

我啊，是目前世界上唯一一个五弦琵琶实物了，再想看，就只能去甘肃敦煌看壁画中的飞天了。此物只应天上有，飞天手里弹奏的就是我。别看我在日本备受尊崇，但其实很想家……

我的档案

出生年代：唐朝

出生地点：陕西省西安市西郊中堡村唐墓

现家庭住址：日本宫内厅正仓院北院

身高：长 108.1 厘米，最大腹宽 30.9 厘米

个性签名：此曲只应天上有，人间能得几回闻

我的住处

我现住在日本奈良，这里古称平城京，是日本历史和文化发祥地之一。城市布局和建筑风格受唐朝长安和洛阳影响最为明显。因有众多的古寺神社和历史文物，使其享有“社寺之都”的称号，被日本人视为“精神故乡”。

东大寺：日本华严宗大本山，有 1200 多年历史，是全世界最大的木造建筑。唐朝时高僧鉴真和尚曾在这里设坛授戒。

奈良国立博物馆：1895 年开馆，由本馆和新馆组成，收藏文物以佛教美术为主。本馆是明治时期以西方风格建筑的，新馆则是以昭和时代校仓风格建筑而成。

春日大社：日本三大神社之一，768 年为守护平城京（奈良时代京城）和祈祷国家繁荣而建造。

我的主人

我的主人是日本奈良时代第45位天皇——圣武天皇，他在位期间，天灾和叛乱多发，多亏他的得体处理，社会整体还算安定。他笃信佛教，并积极学习大唐各项先进制度，创造了奈良时代的全盛期。

我的来历

在我主人的时代，唐朝正值全盛，他曾派过两次大规模的遣唐使。唐朝著名圣僧鉴真正是在这个期间东渡日本弘法的，正是在这种背景下，我和许多伙伴才出现在日本。我的主人死后，悲伤的光明皇后就把皇室收藏的600多件宝物奉献给东大寺的卢舍那佛，这其中就包括我。

我的家族

我们琵琶家族在秦时就已经出现，圆形，长柄，四弦。汉时丝绸之路开通，西域乐人把源于古印度的五弦琵琶通过丝路带入中原，流行了五百多年，并进入宫廷成为乐宴中的主要乐器。唐朝是我们家庭全盛时期，演奏技法、制作构造均有了很大的进步，可惜的是宋朝开始，我们就慢慢被冷落，以至弹奏技艺失传，五弦一支就剩下了我一个。哎！

汉字王国

甲骨文		金文	
小篆	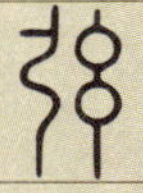	楷书繁体	絃
隶书	弦	楷书简体	弦

造字本义

指事字，从弓。于弓弦处加一指事符号，以表示弓弦之所在。

现本义

乐器上发声的线，以丝、铜、钢制成；不等腰直角三角形的斜边和中医脉象名等。

知识小辞典

琵琶：又称“批把”，是指在马上弹奏的乐器，前弹为批，后挑为把，故名。在中国已有两千多年的历史，属于北方少数民族使用的弹拨弦鸣乐器。古时，人们把敲、击、弹、奏都称为鼓，称当时的游牧民族在马上弹琵琶为“马上所鼓”。

拉票环节

我一直是中国友好对外的历史见证，目前又是孤品。投我，是大家正确的选择！

我的样子

我梨形音箱，直项，主体以紫檀制作，桍（cén）木为腹板，重点是五弦。琴轸（zhěn）分列琴头两侧，左三右二；通身镶嵌螺钿，最好看的是那个螺钿骑驼人抚弹琵琶图。为显豪华，我的腹面杆拨处还贴了玳瑁薄片，背面镶嵌宝相花纹。工匠们精心打磨、雕刻和抛光，就是为了让我的光泽如翡翠，显出华贵大方的气质来。

墓室里的小宇宙：伏羲女娲图

看仔细点，这是咱们中华民族传说中的先祖，是他（她）们开创了这个世界，创造了人类，并教会人类如何在这个世界生存和发展……

我的档案

出生年代：唐朝

出生地点：新疆阿斯塔那古墓群

现家庭住址：新疆维吾尔自治区博物馆

身材：纵长 220 厘米，横长 116.5 厘米

个性签名：天地玄黄，宇宙洪荒，日月辰宿，围我列张

我的出土地

我来自新疆吐鲁番市东南约 37 千米的阿斯塔那古墓，阿斯塔那在维吾尔语中是“首府”的意思，汉朝以来，我们这里一直是士兵屯田的重要场所。南朝时我们归高昌古国，是当时西域的交通枢纽，也是古代新疆政治、经济、文化的中心之一，后为大唐郡县。

柏孜克里克千佛洞：始凿于南北朝后期，直到元朝都是高昌地区的佛教中心。是新疆吐鲁番现存石窟中洞窟最多、壁画内容最丰富的石窟群。

阿斯塔那古墓群：西晋至唐代高昌城居民的公共墓地，葬入的以汉人为主，同时有车师、突厥、匈奴、高车以及昭武九姓等少数民族。这里长眠的既有达官贵族、威武将军，也有平民百姓、下层兵士。

火焰山：古称赤石山，中国最热的地方，寸草不生，飞鸟匿踪。夏日里炽热的气流翻滚上升，就像烈焰熊熊，故名。

我的国家

我出生在高昌国麹（qū）氏王朝时期。630 年，高昌王麹文泰亲到长安城觐见唐太宗，转投大唐保护。但没多久，麹文泰就在西突厥的支持下，破坏丝绸之路，还攻打归附唐朝的其他西域小国，引得唐太宗震怒。当唐朝大军兵临城下时，西突厥援军不战而逃，麹文泰惊恐而死，其子投降，高昌国并入唐朝，改名西州。

我的样子

我的身体以绢或麻布制成，上面绘制伏羲女娲图。二者遵循古时男左女右的画法，皆人面蛇身，上身相拥，相互凝视；伏羲持矩，女娲持规，天圆地方，矩规定世；两人下身蛇尾相交，尾部内勾；他们头顶日，尾悬月，二十八星宿散落其周围，显示了宇宙的辽阔和人类始祖的神圣。

知识小辞典

阿斯塔那古墓群： 共有古墓葬 500 余座，出土文物涉及高昌城居民政治、经济、文化、军事等各个方面，因而被当今学者称为“高昌的历史活档案”，是吐鲁番地区的地下博物馆。

我的传说

伏羲和女娲均被认为是华夏民族人文先祖，传说中的创世男神和女神。古时人们相信，人类是伏羲和女娲的后代，他（她）们教会了人类制作工具、种植耕田、渔猎畜物、天象预测等，又制定了天文历法和婚丧嫁娶等制度。两人人首蛇身的造型，与我们中华民族后来的“龙文化”一脉相承。

我的意义

我和我的伙伴们一般都出自汉人的夫妻合葬墓，用木钉钉在墓室顶部，正对墓主，仅有少数折叠包裹放在死者身旁。我们代表着背井离乡、生活在高昌地区的汉民溯古求源、渴望再生，祈求与神明沟通的愿望。

汉字王国

小篆		隶书	媧	楷书繁体	媧	楷书简体	娲

造字本义

形声字，女表形，咼表声，表示最早使用咼鼎烹煮食物的女人。本义指女娲，中国古时神女，化育万物的女祖。

现本义

同本义。

拉票环节

无规矩不成方圆，无始祖万物不生。不容置疑，投我吧！

中国最早的“免死金牌”：钱镠铁券

大唐王朝统治的289年中据说一共发了4个免死金牌，我是唯一一个留存下来的。啥？不像金牌？你以为是奥运会呐，我身上的文字是金的，只是年头久了，被铁锈给影响了，嘿嘿！

我的档案

出生年代：唐昭宗时期

身高：纵29.8厘米，横52厘米，厚2.14厘米

体重：约132两

现家庭住址：中国国家博物馆

个性签名：一券在手，天地任我行

我的家乡

我的家乡在杭州，这里风景秀丽，是中国有名的人间天堂。夏商周时属古扬州，春秋吴越争霸时先后归两国所有，战国时楚灭越，我们又归楚。秦时设县，曾为吴越国和南宋都城。现在嘛，则是中国有名的电子商务中心。

钱塘江：最早见于《山海经》，因流经古钱塘县（今杭州）而得名，为浙江省最大河流，其流域是吴越文化的主要发祥地之一。

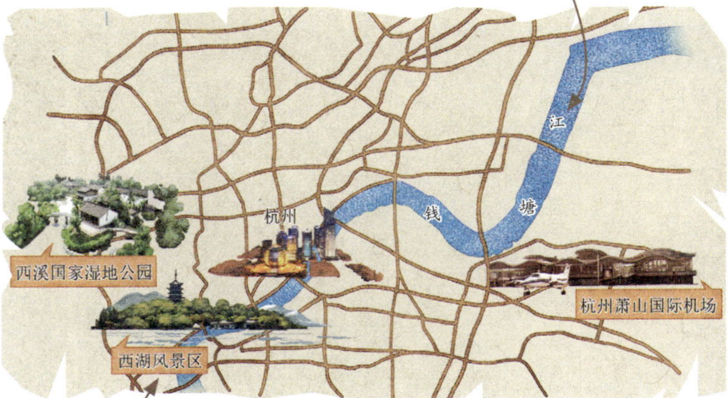

西湖风景区：景区总面积达49平方千米，以湖为主体，植物造景辅以亭台楼阁、廊榭桥汀，被誉为“人间天堂”。

我的国家

我出生在唐末五代十国时期的吴越国，我们国家是公元907年由临安钱氏家族中的钱镠（liú）所建，最风光时拥有13州疆域，现在的浙江省全境、江苏省东南部、上海市和福建省东北部都归我们管辖。北宋统一全国时，当时在位的钱俶（chù）思虑再三，最终纳土归宋，保全了境内百姓的安定和生活。

我的主人

我的主人是吴越国的开国之君钱镠，他自幼习武，天资聪慧，因军功而被封为吴越王，后正式立国。他深知战乱之苦，因此采取保境安民的政策，使吴越老百姓都能安居乐业，大家都很喜欢他。他家风很正，你们能听到的很多名人都源自钱氏一族，如外交部原部长钱其琛、中国航天之父钱学森、中国原子弹之父钱三强、名作家钱锺书、国学宗师钱穆等。

我的来历

896年，主人受命平叛了在越州称帝的董昌，唐昭宗非常高兴，除了封官之外，又把我额外赏赐给了主人。要知道，唐末时局动荡，手握重兵又不听话的人可多了，像我主人这样办事认真又不闹事的“高管”并不多。

我的样子

我像一个底朝上的瓦片，身上刻有楷书金字26行（含落款）共350字，上面记载了主人的官职、功勋及颁发此铁券的嘉奖和表彰之意，最后点明此铁券作用：获赐者将赦免9次死罪，子孙可以赦免3次，一般的刑事则统统免责。看看，看看，觉得不可思议吧？这下知道我的价值了吧……

汉字王国

小篆		金文	
楷体	券		

造字本义

形声字，从刀，券声。指古代刻画着标记、并一分为二的简牍契据，双方各执其一，作为买卖或债务凭证。

现本义

票据或作凭证的纸片。

知识小辞典

丹书铁券：古代帝王赐给功臣世代享受优遇或免罪的凭证，具有刑罚豁免权。因文字是刻后用朱砂填于坚固质地的铁板之上（也有用金银填字的），故名。目前国内只留存4件，以钱镠铁券为最早，也最出名。另有3件是明代的。

纳土归降，我大宋之威，吴越百姓之福，天下一统，国家幸事。
拉票环节
自古君臣相处之道就很微妙，我是这种微妙关系最特殊的存在。从加官晋爵封侯的凭证到免死金牌，很具中国特色。相信我，就投我一票！

雨过天晴云破处：汝窑青瓷水仙盆

请大家见谅，并非是我高傲。以我沉静的性格，抛头露面是大忌，更别说在大庭广众之下介绍自己了。我们家族长久以来的美誉，都胜在了素面和柔莹。

我的档案

出生年代：北宋

身高：高 6.9 厘米，长 23 厘米，宽 16.4 厘米

现家庭住址：台北故宫博物院

个性签名：雨过天晴云破处，千峰碧波翠色来

我的家乡

我的家乡汝州在河南省中西部，因北汝河贯穿全境而得名。我们这里古时为霍国，秦后历来是各朝郡州治所。宋时瓷业兴盛，形成过“汝河两岸百里景观，处处炉火连天”的繁荣景象。

风穴寺：距今有 1800 余年的历史，是中国最古老的佛寺之一，因保存了唐、宋、元、明、清历代的文物和建筑，被专家称为“古建筑博物馆”。

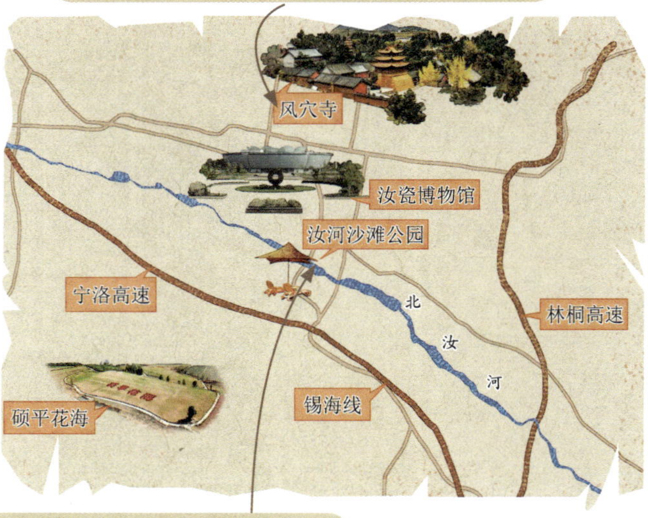

汝瓷博物馆：位于汝州文庙内，以汝州学宫为依托，内有大成坊、文明坊、大成殿、启圣宫等主殿及廊房 50 余间，是中国唯一一座以陈列古今汝瓷为主的专业性场馆。

我的家族

我出生在中国瓷业的高峰时期北宋，窑址遍布的繁盛成就了“五大名窑”的传说，时至今日，“五大名窑”也代表着中国单色釉瓷器的最高水平，而我的家族汝窑则被奉为榜首。我们以名贵玛瑙入釉，是当时宋皇室的主要用瓷。

我的样子

我是用来种植水仙的，也可作装饰品。我穿天青色外衣，整体呈椭圆形，侈口，深壁，平底，有四个云头形脚。别小看这件外衣，可是工匠们失败了无数次才制作出来的。

我的地位

北宋末年金兵入侵，宋室南迁，我们遭受了“灭顶之灾”，留存于世的数量不多。现在全世界收藏有我们家族成员的博物馆不足10家，业界共识也只有67件半，每次只要我们在拍卖会上一露面，那场面绝对火爆。而我，是我们家族传世中唯一釉面纯净无纹片的一件。

我的外衣

在我的家族中，大家喜欢穿的外衣有天青、粉青、天蓝、豆绿、青绿、月白、橘皮纹等很多种，但以天青为最好，粉青次之，天蓝最稀少，有钱也不一定能买到。这些外衣通常都装饰有细小多变的开片，深浅交织，或像银光闪闪的鱼鳞，或呈透明渐变的蝉翼，特别漂亮。

汉字王国

瓷

金文		小篆	
隶书	瓷	楷书	瓷

造字本义

形声字，从瓦，次声。指陶土制成的器皿。

现本义

用高岭土烧成的一种材料，所做器物比陶器细致而坚硬。

知识小辞典

汝窑：中国古代著名窑厂，北宋时期在汝州创办，并以其生产地命名。汝窑原为民间烧制印花青瓷，后被垄断为官窑，专为宫廷烧制御用瓷器，因其绝妙的色泽、独特的艺术价值，深得帝王欢心，有“宋瓷之冠”的美誉。

拉票环节

中国青瓷之冠，唯一不开片的釉面。我入选，大家应该没有异议吧？

策划统筹：王波　王震
插图绘制：豆豆鱼绘制
美术编辑：罗筱筱

天亮了，国宝们的自我介绍也都结束了，你觉得它们中的哪些能进入中国文化代表团呢？拿出笔，写下你心目中的“中华之光”成员吧！

馆藏文物是中华优秀传统文化的最好见证，了解它们，就是在延续中华文脉，传承民族记忆。用喜闻乐见的方式“让文物活起来”，就是在孩子们的心田播撒下人类文明传承与互鉴的种子。

——郭思克　中国博物馆协会常务理事、山东省博物馆学会理事长、孔子博物馆馆长

历史长河中遗留下来的文明碎片，是中国五千多年历史的缩影。文物里承载的中华文明博大精深，生生不息。让孩子走进博物馆，亲近文物，就是在为历史续写未来！

——陈水华　中国博物馆协会常务理事、浙江省博物馆馆长、研究馆员

用心去聆听，沉默的国宝真的会说话。跟随它们在时间的长河里徜徉，你会穿越进历史的时空里，感悟到既往的厚重与未来的美好。

——庞雅妮　陕西历史博物馆副馆长、研究馆员

山东友谊出版社
微信公众号

尚青云简

绿色印刷产品

上架建议：小学历史 / 科普

ISBN 978-7-5516-2401-5

9 787551 624015

定价：158.00元（全4册）

历史里的秘密

博物馆奇妙夜④

主编　柳霞（山东社科院研究馆员）
出品　尚青云简

山东友谊出版社·济南

历史里的秘密

博物馆奇妙夜 ④

主编　柳霞（山东社科院研究馆员）
出品　尚青云简

山东友谊出版社·济南

图书在版编目（CIP）数据

博物馆奇妙夜：历史里的秘密 / 柳霞主编 . -- 济南：山东友谊出版社，2022.2（2022.4 重印）

ISBN 978-7-5516-2401-5

Ⅰ. ①博… Ⅱ. ①柳… Ⅲ. ①历史文物－介绍－中国－青少年读物 Ⅳ. ① K87-49

中国版本图书馆 CIP 数据核字（2021）第 245028 号

博物馆奇妙夜：历史里的秘密

BOWUGUAN QIMIAO YE LISHI LI DE MIMI

责任编辑：肖 杉
装帧设计：丁运哲 果子

主管单位：山东出版传媒股份有限公司
出版发行：山东友谊出版社
地址：济南市英雄山路 189 号 邮政编码：250002
电话：出版管理部（0531）82098756
发行综合部（0531）82705187
网址：www.sdyouyi.com.cn
印 刷：济南乾丰云印刷科技有限公司

开本： 787mm × 1092mm 1/12
印张： 16 **字数：** 240 千字
版次： 2022 年 2 月第 1 版 **印次：** 2022 年 4 月第 2 次印刷
定价： 158.00 元（全 4 册）

CONTENTS 目录

吉州窑黑釉木叶纹盏

哎，我也是个漂泊在外的异乡人。只有身上这片故土的树叶一直陪伴着我，安慰着我这颗孤寂的心。难得回来看着大家这么热闹地聚在一起，真好……

马顺牙牌

大明特务机构的“工作证”就我这样，由国家统一发，统一管理和回收。啥？我为什么流落在外？说起来，这可是一个很长的故事……

钧窑月白釉出戟尊

夸我身材好呢，哈哈，我承认，要不我和我的伙伴们也不会站在皇宫最显眼的地方。我的这件月白色外衣很衬肤色的，气质都被完美地烘托出来了……

金扣玛瑙碗

天生丽质难自弃？对喽，这句诗形容的就是我。要不是当年那个修猪圈的村民，今天的聚会你们可就看不到我了……

曜变天目茶盏

长得黑可不是缺点，在我们家族反而是最可爱的优点。不信？你们仔细看看我，深邃的星空，神秘的光晕，是不是特别像浩瀚的宇宙？不止是在日本，当年在咱们中国，我也是最受欢迎的明星……

定窑白釉孩儿枕

但凡是看见我的，都很喜欢我，我们那里的小孩儿大多都长我这样，真的，不骗你们。盛不盛世我不知道，反正我们玩得很开心……

这是一群特殊的“客人”，在某著名博物馆的大殿里，每当午夜十二点的指针一过，它们准时清醒，充满生机地活跃起来，头对头、面对面地攀谈起来。

你看，今晚有个叫“贾湖骨笛”的家伙自荐当了主持人，说从今天晚上开始，要大家逐一自报家门，进行才艺比拼，最后投票选出能代表中国文化的10位成员组成“中华之光”，进行世界巡回演讲……

翡翠白菜

停，停，别摸我，小心吓飞我叶子上的昆虫。哈哈哈，是不是没忍住，想确认下我是不是真的？我是真翡翠，假白菜……

金瓯永固杯

我是清朝乾隆盛世的记忆之一，只在每年新年的开笔仪式上使用。每当避瘟的屠苏酒一注，我就仿佛拥有了全世界。那种神圣、肃穆，真的是难以言表……

金丝翼善冠

惊奇吧，这造型，这工艺，世上也就独一份。我啊，代表了我们大明王朝最高的花丝镶嵌工艺，仅用于皇家饰品。说了，你们也不懂，看效果就可以了……

斗彩鸡缸杯

说我素雅？没错，从瓷到画，自我出现以来还没见到不喜欢我的。整个清朝都没断过仿我的念头，我在拍卖会上一现身，直奔上亿人民币而去，不骗你们……

银鎏金镶珠金翅鸟

站近点，别怕，别怕，我不会乱发脾气的。我的雷霆手段只针对兴风作浪的恶龙，我可是苍山洱海的保护神，还是很注意形象的……

“样式雷”烫样

我可不是一般的模型，里面每一件摆设和零件都可以任意移动。在没有电脑和投影的时代，我就是最强大、最先进的3D模型。

洗尽铅华的月下白：
钧窑月白釉出戟尊

我身材好？哈哈，我承认，要不我和我的伙伴们也不会站在皇宫最显眼的地方。我的这件月白色外衣很衬肤色的，气质都被完美地烘托出来了……

我的档案

出生年代： 北宋

现家庭住址： 故宫博物院

身材： 高 32.6 厘米，口径 26 厘米，足径 21 厘米

个性签名： 纵有家财万贯，不如钧瓷一片

知识小辞典

钧窑： 创始于唐，兴盛于宋。因窑变技术受到宫廷偏爱，北宋末年在禹州城北门里的钧台附近设窑，专门为宫廷烧造御用品。后以禹州为中心，形成庞大的钧窑系。

我的家乡

我的家乡禹州简称“钧”，在河南省中部，位于中原经济区核心区，因大禹治水有功受封于此而得名，夏朝成立后就被立为夏都。我们这里是钧瓷唯一产地，明清四大中药材集散地之一。

禹州钧官窑址博物馆： 全国唯一的钧瓷专业博物馆，以北宋钧官窑遗址为基础，主要展示宋代官办钧瓷窑场完整的制瓷作坊。

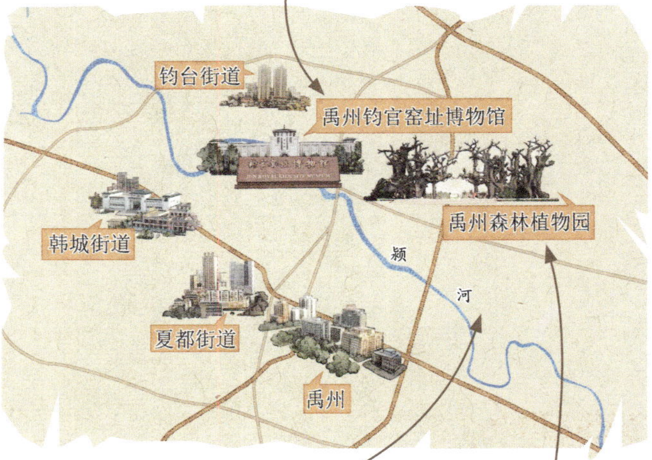

颍河： 淮河支流，古称颍水，相传因纪念春秋郑人颍考叔而得名。

禹州森林植物园： 河南省药用植物园，园内以山林野趣为主体，集四时景色之妙，为国家 4 A 级旅游景区。

我的家族

我的家族在宋朝五大名窑中以“釉具五色，艳丽绝伦”而独树一帜，这种“窑变”能力可是我们家族秘不外传的绝技，其他家族很难仿造。除此之外，鉴于宫廷基因，我们个个都会高雅大气，古朴沉稳。

我家的“绝技”

以红、蓝为基调，在土、胎、釉、火和工匠经验的完美结合下，“窑变”绝技效果就出来了：在各种自然流纹的装饰下，外衣色彩形如流云，灿如晚霞，变幻莫测，被誉为“入窑一色，出窑万彩”。最出名的色彩有玫瑰紫、丁香紫、朱砂红、鸡血红、梅子青、天蓝、月白等。

我的样子

我外观如古青铜尊式样，喇叭形口，扁鼓形腹，圈足外撇。颈、腹、足之四面均塑贴条形方棱，这个专业术语就叫“出戟”。我的外衣是月白釉，指的是“月下白”，来源于月夜下的白色物体呈现出的一种淡淡的青色。

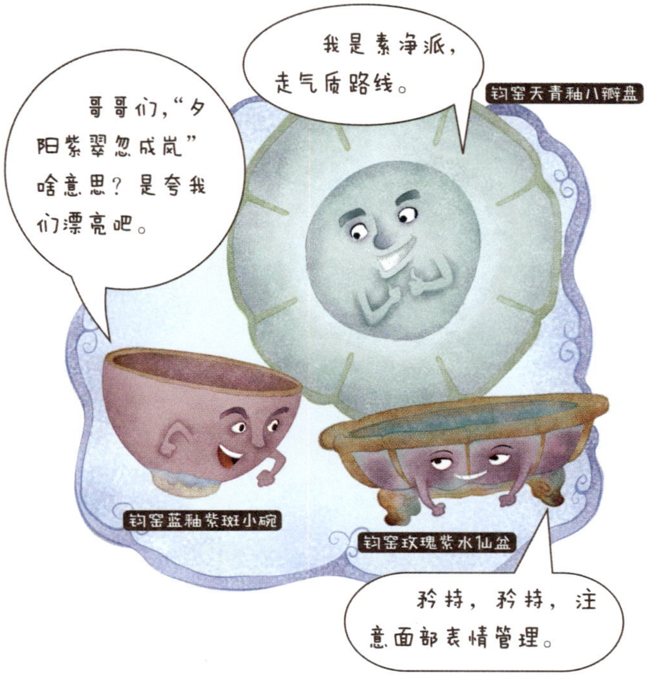

我的地位

当年，我们就有“莫道世间黄金贵，不如钧瓷一把泥”“纵有家产万贯，不如钧瓷一片”的说法。目前，全世界我们家族成员仅 10 件左右，件件都倍受珍视。除我以外，上海博物馆和台北故宫博物院还各有我一个兄弟。

拉票环节

自然天成的“平凡”中，沉淀着我们中国的内敛、素雅、含蓄的传统文化，既是一种时尚又是一种境界。投我吧，不要犹豫！

你知道吗？

钧瓷釉色万变，釉面自然形成的纹理亦多变。最有名的有三：一为蚯蚓走泥纹，指釉面一条条不规则的痕迹蜿蜒曲折，如蚯蚓走泥；二为冰片纹，指釉面上的裂纹像冰片一样不规则；三为兔丝纹，指釉面的痕迹像兔毛，具有很强的立体感和动感。

汉字王国

造字本义

会意字，从戈。古代一种将矛、戈合成一体的兵器。

现本义

同本义，用作动词时有刺激和敲击之义。

世间百态最萌像：定窑白釉孩儿枕

虎头虎脑，婴儿肥？是在夸我可爱么？但凡是看见我的，都很喜欢我，我们那里的小孩儿大多都长我这样，真的，不骗你们。盛不盛世我不知道，反正我们玩得很开心……

我的档案

出生年代：北宋

现家庭住址：故宫博物院

身材：长30厘米，宽18.3厘米、高18.3厘米

个性签名：消暑神器，美梦佳宝

我的家乡

我的家乡曲阳县位于华北平原西部，太行山东麓，古时属冀州城。秦统一六国后，在我们这里置曲阳县，原属今天定州市，现在归保定市。我们这里是定瓷的发源地，定窑遗址规模最大、最集中的窑场分布在曲阳县涧磁村北一带。

虎山风景区：因其山顶的一块巨石颇似蓄势待发的猛虎而得名，植被茂盛，河流纵横，被誉为“天然氧吧”。

磨岩山：因“山形如磨、大石如算状”而得名，上古时为著名隐士许由的久居之地，唐尧选贤曾到这里拜访他。

我的家族

我们孩儿枕家族是瓷枕中最为别致和传世最少的，以定窑和景德镇窑的最为精致。我们都是男孩，伏卧或仰卧于榻上，用背部或双手托的莲叶做枕面。

你知道吗？

定窑是宋代五大名瓷中唯一以白瓷为主的窑口，也是最早进入宫廷御用的瓷器。除白釉外，定窑釉色还有紫色、黑色、红色和绿色，也被称为白定、紫定、黑定、红定和绿定，以紫定和红定最为稀有。如果定窑瓷器上使用了描金工艺，那就是规格最高的宫廷订烧器，更为珍贵了。

我的背景

在我们宋朝，经济的繁荣激发了人口的增长，大家对于小孩子的生养和教育比较关注。我们成为多子多福的象征，再加上佛童“摩喝乐”的流行，人们就格外喜欢我们，到处都能看到以我们小孩子为题材的图案。

我把我讲给你听

★ 童子题材的兴盛一方面反映了百姓的生活富足，另一方面也象征了宋朝人丁兴旺以及对幼教的重视。

我的样子

我伏卧于榻上，斜枕于交叉的手臂上，脸庞饱满，眼睛灵大，脑门宽阔，耳垂肥厚，鼻翼挺直，嘴唇小巧，是不是很可爱？我身穿长衫坎肩，下着长裤，右手拿一绣球，两足交叉上翘，足登软底布鞋。在看啥？不告诉你们……

我的地位

我们家族成员目前在世界上也仅剩三个，清乾隆帝最喜欢的瓷枕就是我们。除我在故宫博物院外，还有两个兄弟在台北故宫博物院。我们仨不但是北宋定窑的代表作，也是宋代风俗的见证，2013 年 1 月 1 日《国家人文历史》甚至评我为“镇国之宝”。

汉字王国

枕

金文	小篆	隶书	楷书
		枕	枕

造字本义

形声字，从木，冘声，枕头之义。为“冘”之倒形，其下有“臼”，表示人头依靠之处中间低、两端高的样子。

现本义

睡觉时垫在头下的东西，用作动词是躺着的时候把头放在枕头上或其他东西上。

知识小辞典

定窑：以白瓷为代表，造型精美，乳白、牙白的釉色与流畅的刻花、印花、划花装饰成为宋朝白瓷之魁。北宋早期定窑产品口沿有釉，到了晚期器物口沿多不施釉，常在“芒口”处镶嵌金、银和铜质边圈，此为定窑一大特色。

拉票环节

我不仅仅是一件精美绝伦的工艺品，还是宋朝百姓安居，重视民生及教育的反映。而且，宋朝的服饰文化，民俗风情也可以通过我看出些端倪。孩子凝聚着一个民族和国家的精神面貌。选我吧，准没错！

大海边的暗夜星空：
曜变天目茶盏

长得黑？我承认，但这可不是缺点，在我们家族反而是最可爱的优点。不信？你们仔细看看我，深邃的星空，神秘的光晕，是不是特别像浩瀚的宇宙？不止是在日本，当年在咱们中国，我也是最受欢迎的明星……

我的档案

出生年代：南宋

现家庭住址：日本静嘉堂文库美术馆

身材：高 7.2 厘米，口径 12.2 厘米，底径 3.8 厘米

个性签名：世界皆在我眼中

我的家乡

我现在虽长住日本，但我的家乡是在咱们中国福建南平的建阳水吉。建阳古称潭城，宋时以“图书之府”和“理学名邦”闻名于世。水吉镇位于建阳的东部中心，南浦溪中游，为闽北重镇。

建窑遗址：在今后井村、池中村一带，这里靠近水源，矿土含铁量高，林木丰茂，且水运便利，产品外销通畅。

考亭书院：南宋理学家朱熹晚年居住的讲学之地，书院背靠青山，三面环水，景色清幽。朱熹在此创立的考亭学派，成为“闽学”之源。

我的家族

我们属黑釉大家庭里的茶盏。当时人们都爱喝茶，斗茶之风很盛。因在黑釉的映衬下，更容易显示出茶色的好坏来，所以我们一族大受追捧。尤其是我的装饰，家族中最耀眼的“明星”——曜变天目釉，被称为极品釉色，而且成品很少。

我的背景

日本往中国派遣留学生和学问僧开始于隋朝，留学生来学习中国的文化，学问僧则来学习佛教。在斗茶之风的影响下，在今浙江天目山佛寺留学的日本僧侣们，最终不仅将佛学带回日本，甚至将佛寺所使用的斗笠形茶盏也带回了日本，这就是我们家族在日本发展起来的原因。

知识小辞典

建窑：创烧于晚唐五代，原是江南地区的民窑，北宋晚期由于“斗茶”的特殊需要，烧制了专供宫廷用的黑盏，部分茶盏底部刻印有“供御”或“进盏”字样。釉色变化无穷，丰富多彩，有兔毫、油滴、曜变、鹧鸪斑等名品。

我的由来

我原为日本美浓稻叶家的秘藏，稻叶家的女儿阿福（后称“春日局夫人”）成为德川将军家的乳母后，将我献给了将军府。后来阿福不但成功劝说德川家康将长孙德川家光立为继承人，还为德川家争取了一个女天皇，为奖励她的忠心和功劳，将军将我还给了她。于是，我就成为稻叶家的传家宝，直到被送至拍卖行，被三菱集团创始人购入，成为现在其集团旗下美术馆（即静嘉堂文库美术馆）的头号藏品。

我的样子

我被誉为“天下第一名盏”，敞口微敛，斜直腹，小圈足。身上自然浮现的蓝色大小斑点，连同周围的各色彩晕自然排列，各成一体，随着周围光线角度的不同，光环的颜色变幻不定，犹如宇宙中的银河系一样美丽玄妙，被日本人称为“碗中宇宙”。

造字本义

形声字，皿表意，戋表声。本义指小而浅的杯子。

现本义

除本义外，亦用于指灯的量词。

拉票环节

我身虽在日本，却从未忘记自己来自中国，“碗中宇宙”“举世无双”，再多的赞誉也只属于中国！看在我赤子之心的份上，投我！

跨越千年的守护：
吉州窑黑釉木叶纹盏

哎，我也是个漂泊在外的异乡人。只有身上这片故土的树叶一直陪伴着我，安慰着我这颗孤寂的心。难得回来看着大家这么热闹地聚在一起，真好……

我的档案

出生年代：南宋

现家庭住址：美国波士顿美术博物馆

身材：高 4.9 厘米，口径 15.1 厘米

个性签名：一叶飘空天似水

知识小辞典

吉州窑：始于晚唐，兴于五代、北宋，极盛于南宋，而衰于元末。产品精美丰富，有青釉、黑釉、乳白釉、白釉彩绘和绿釉瓷等，尤以黑釉瓷产品著称，其独创的木叶、剪纸贴花装饰和窑变玳瑁釉饮誉中外。

我的家乡

我的家乡永和镇位于江西吉安县中部，赣江中游西岸，禾水河南岸，是一座积淀了丰厚文化底蕴的千年古镇，吉州窑从这里走向世界，闻名遐迩。

赣江：长江主要支流之一，江西省最大河流，由南至北纵贯江西全境。

吉州窑遗址：范围内保留着晚唐至宋元时期的古窑包 24 座，是元至明清著名官窑景德镇烧瓷技艺的重要源头之一。

我的家族

在整个黑釉瓷的大家庭，我们被称为吉州窑开放的“异彩的山花”，我们风格独特的釉面和纹样，是当时人们对大自然美好记忆的反映。如玳瑁的甲壳、虎皮的纹斑、折枝的梅花、雅致的剪纸贴花。

我的背景

宋时，因为瓷业的兴旺和繁荣，永和镇一跃成为“天下三镇”之一的瓷城。当时赣南是中国禅宗寺院密集、大师辈出的地区，在“七祖”行思和尚道场青原山深厚的佛教氛围和禅风的影响下，永和镇禅宗也兴盛起来。南宋时，围绕永和镇窑场周边佛寺众多，禅茶之风鼎盛，“饭后三碗茶”成为吉州永和镇禅僧的“和尚家风”。我是吉州窑专为寺院生产的特色茶具中最为特殊的。

我的工艺

工匠们会把事先选好的树叶特殊处理一下，然后在瓷胎上施一层黑釉，再把处理好的树叶施一层淡釉，直接贴在坯体上，入窑高温烧制即成逼真有趣的木叶纹。叶子形状也有变化，有半叶、一叶，也有二三叶叠加在一起的，工匠们追求的是一种质朴的野趣。什么？我的制作工艺听起来并不难？我只知道因为低成品率，我可是当时的奢侈品。

我的佛性

佛家云“一花一世界，一叶一菩提”，菩提叶代表了僧人的信仰，而桑叶被认为能通禅，因此当清澈的茶汤注入时，一片飘零的桑叶犹如天空游移的闲云，大海中摇曳的一叶扁舟，深远幽静，拙中藏细，见真见性，韵味深长。据说，曹洞宗的开山祖师良价禅师在江西吉水讲法的时候，点明要我们家族成员陪伴。

我的样子

我侈口，斜弧壁，小圈足，外形像倒置的斗笠。别看我内外全黑，大家仔细看看我身上的这片树叶，茎脉清晰得像不像刚从树上飘落下来？这可是经过土和火考验出来的天然之趣，珍品！

吉州窑玳瑁碗

汉字王国　叶

金文	枼	楷书繁体	葉
小篆	葉	楷书简体	叶
隶书	葉		

造字本义

形声字，即植物的叶子。

现本义

除本义外，也指像叶子的薄片状的东西。

拉票环节

从宋元时期开始，我的家族成员就远销日本、朝鲜以及东南亚国家，在国际市场中享有极高的声誉，被他们称为“世之神器”。你们投我，是延续历史！

宋人的“炫富”：金扣玛瑙碗

天生丽质难自弃？对喽，这句诗形容的就是我。要不是当年那个修猪圈的村民，今天的聚会你们可就看不到我了……

我的档案

出生年代：北宋

出生地点：安徽省来安县相官乡

现家庭住址：安徽博物院

身材：高 5.9 厘米 ，口径 13.2 厘米

个性签名：凡尔赛的最高境界

知识小辞典

玛瑙：玛瑙因其兼具瑰丽、坚硬、稀有三大特征，自古被视为美丽、幸福、吉祥、富贵的象征。古称“赤玉”“赤琼”，东汉时随佛教传入改为“玛瑙”，成为佛家七宝之一。色泽有红、蓝、绿、黄、褐、紫、灰、黑、白等，丰富奇丽。

我的家乡

我的家乡来安县地处安徽省滁州市东部，位于长江和淮河之间。古时属“扬州之域”，周初属徐国。秦时置建阳县，随后名字可多了，直到五代南唐时才改为现在的名字，并一直沿用了下来。

城西湖：又名沣湖，为黄河夺淮后，沣河下游河口段淤积而成。特产丰富，以银鱼驰名省内外。

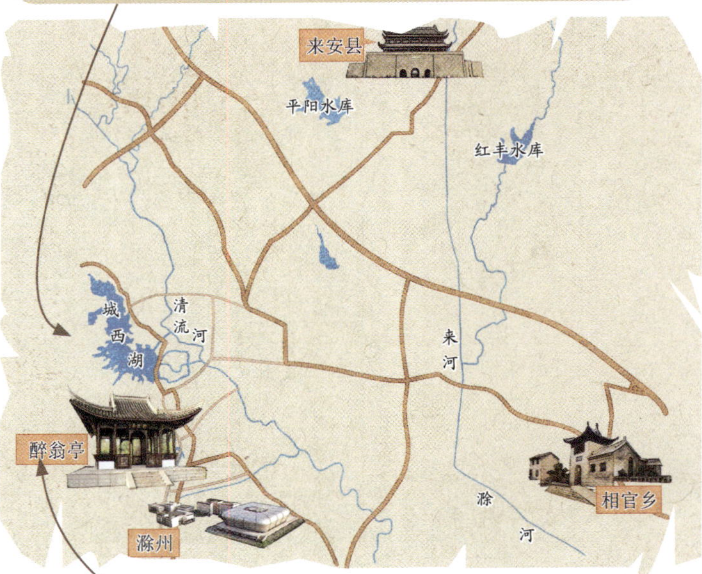

醉翁亭：始建于北宋庆历七年（1047 年），由唐宋八大家之一欧阳修命名。布局严谨小巧，曲折幽深，富有诗情画意。

我把我讲给你听

玛瑙整体呈橙黄色，局部有暗红色斑纹。碗壁较薄，透光可见自然纹理与柔淡的光泽。

“芒口”本是瓷器口沿无釉的一种烧制缺陷，宋时给器皿镶金边成为一种时尚，人们不仅给瓷器镶金边，在玉器上也使用这种工艺。

★“千种玛瑙万种玉，有钱难买金镶玉”，我就是宋代富贵家庭奢华生活的缩影。

我的背景

别看我们北宋打仗不行，但经济上很富足，整个社会从上到下，都弥漫着一种浮华奢靡的风气。从吃穿用度到婚葬嫁娶，宫廷王府挥金如土，奢靡无度，一般的平民百姓，也无不竞相攀比，甚至连寺庙里的供奉之物都大量使用金饰。

我的主人

我的主人名叫胡母圩（wéi），别看她的墓室规模不大，但她好歹也是官宦人家出来的家眷。棺材是楠木的，陪葬品不是镶金的就是带银的，金钏和我也只是盗墓贼洗劫后遗留下来的“幸存者”。

我的样子

我是选用北方优质的玛瑙，整块掏膛制作而成，深腹微鼓，平底，碗壁打磨厚度仅为 0.2 厘米。我的皮肤润泽光滑，半透明中朦胧地显露出自然纹理。口沿处镶嵌的这圈薄薄的窄边黄金条饰，称“金扣”，与玛瑙晶莹光泽交相辉映，是不是显得我既典雅又华贵？

我的工艺

在中国传统文化中，金象征着高贵，玉代表着纯洁，金镶玉寓意“金玉良缘”，是尊贵吉祥与超凡脱俗的完美结合。金镶玉的制作工艺，精细复杂，要求很高，要靠工匠连续不断地敲击，把金丝或金片镶嵌到玉质地的图案中。

造字本义

形声字，金文从金，夗声，表明“碗”是用金属制成的。篆文从皿，表器物；《说文》从瓦，表材质。

现本义

盛饮食的器具或像碗的东西。

拉票环节

对于韧性相对比较差的玛瑙来说，制作成我这样，没个好手艺可不成。况且，富贵与典雅，对于忙于外患而无内乱的大宋王朝来说，就是烙印。投我！！！

镇守一方的守护神：

银鎏金镶珠金翅鸟

别怕，别怕，我不会乱发脾气的。我的雷霆手段只针对兴风作浪的恶龙，我可是苍山洱海的保护神，还是很注意形象的……

我的档案

出生年代：大理国时期

出生地点：云南省大理崇圣寺主塔

现家庭住址：云南省博物馆

身高：通高 18.5 厘米

体重：125 克

个性签名：侠之大者，为国为民

知识小辞典

银鎏金：古代金属加工工艺之一，即用黄金与水银为原料，配成金汞剂（合金）涂饰在银器表面。再加热使水银蒸发，使金牢固地附在银器表面不脱落。

我的家乡

我的家乡大理地处云南省中部偏西，气候宜人，历史悠久。苍山之麓，洱海之滨，风景优美，是古南诏国和大理国的都城，在长达 500 年的时间里，我们这里一直是古云南地区的政治、经济和文化中心。

苍山国家地质公园：又名点苍山，是一座地质构造博物馆，地质遗迹资源丰富，由 19 峰和 18 溪组成。

崇圣寺三塔：曾是南诏的象征，如今是大理的标志性景点。原是南诏时期一组规模庞大的佛教建筑的一部分，现只剩下三塔。

大理古城：整座古城背靠苍山面对洱海。城内的街道呈棋盘式分布，石板路面青瓦坡顶的民居为白族建筑风格。古城南北保留着完整的城楼，巍峨的南城门有块匾，上书“文献名邦”。

我的来历

佛教在南诏时传入我们当地，大理时成为国教，境内佛寺与佛塔遍布。当时，我们这里总发水灾，苦不堪言的老百姓认为是恶龙所为，就把我请了过来，放在崇圣寺三塔的塔顶震慑恶龙，祈盼我保佑大理国风调雨顺。自此，我就成为大理的保护神，一直到现在。

你知道吗？

相传，大理还叫叶榆时，有一个叫“罗刹”妖怪专吃人眼和盐巴，天天残害生灵。观音菩萨化身书生，与罗刹下棋，最后赢了，就收了罗刹的地盘，把它关进苍山崖洞，并告诉它，只有“铁树开花、老马长角”，它才可以出来。人们为纪念观音菩萨的功绩，就把叶榆改为大理。

我的住处

我当时的住处是崇圣寺主塔千寻塔，这是一座密檐式空心四方形砖塔，阁楼式外观，每角有柱，每层出檐。人们后来又在我左右各建了一座小塔，我们就成为大理白族文化的象征之一。

我的样子

我是一只银质的大鹏金翅鸟，整体鎏金，头饰羽冠，昂首展翅，两爪锋利，立于莲座之上，俯瞰万顷洱海。我的尾、身之间插有镂空火焰形背光，其上饰水晶珠五粒。

★ 迦楼罗的不同形象。

我的传说

我在梵文中称“迦楼罗”，是佛教护法中的“天龙八部”之一。我展翅时可达336万里，翅膀上会出现各种庄严宝相，头顶一颗凸起的如意珠，鸣声悲苦，以龙为食，每天要吃一条大龙及五百条小龙。当我知道自己的生命接近终点时，会上下翻飞七次，飞到金刚轮山顶上安静地死去。

造字本义

形声字，从羽，支声，指鸟类、昆虫的翅膀。

现本义

除本义外，还引申为物体上像翅膀的东西。

拉票环节

我是典型的大理地区独特的宗教现象，也是佛教传播过程中白族化的体现。在神秘大理古国，我还代表了金银器工艺的高超水平。文化与艺术的双重价值，值得你们投我一票！

明朝情报机构“工作证”：马顺牙牌

好奇吧，我们大明特务机构的“工作证”就是这样，国家统一发，统一管理和回收。啥？我为什么流落在外？说起来，这可是一个很长的故事……

我的档案

出生年代： 明正统

现家庭住址： 首都博物馆

身材： 长 7.5 厘米，宽 6.5 厘米

个性签名： 低调是终极生存之道

知识小辞典

牙牌： 明代官吏出入宫门时佩戴的象牙制识别牌。上面刻有官职和人名，悬于腰间，宫廷门卫认牌不认人。

我的家乡

我的家乡是咱们的首都北京，北京是一座有着3000多年历史的古都，也是一座充满生机的现代化国际城市。春秋战国时先后为蓟国和燕国首都，后来从辽、金、元、明、清都是首都。

景山公园： 坐落在明清北京城的中轴线上，西临北海，南与故宫神武门隔街相望，是明、清两代的御苑。

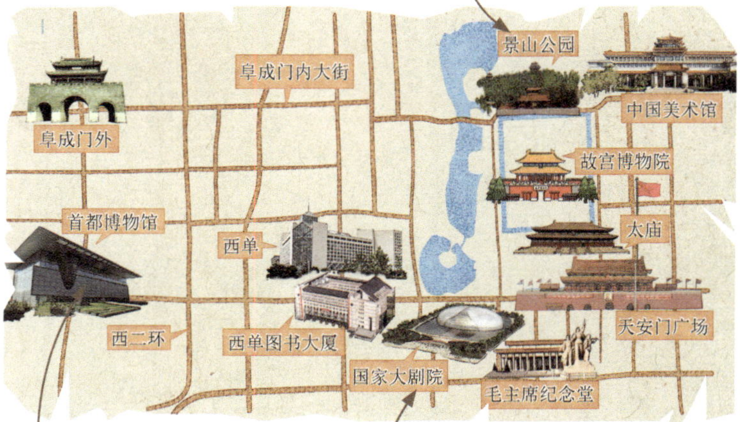

首都博物馆： 位于东城区国子监街孔庙内，是北京地方性综合博物馆。馆内收藏近20万件北京地区出土及传世的珍贵文物。

国家大剧院： 由法国建筑师保罗·安德鲁主持设计，外观呈半椭球形，主要建筑有歌剧院、音乐厅、戏剧场、小剧场、第五空间、艺术精品长廊和艺术展厅。

我的性质

我属于朝参牙牌，这是我们大明朝为方便京官上朝，出入皇宫而设置的，就跟现在的工作证差不多。统一由尚宝司管理，没牌不放行，也禁止私下转让。官职有变动，就必须得上交原牌，备案后再换新牌。谁要是不小心弄丢了牙牌，那可是要遭到惩罚的。

我的主人

我的主人马顺是明英宗时的宠臣、宦官王振的亲信，当时任锦衣卫指挥同知。1449年瓦剌犯边，在王振的怂恿下，明英宗御驾亲征，结果全军覆没，明英宗也成了俘虏。消息传回来，大臣们炸了锅，正恨不能揪着王振出气，马顺却拿出一贯的派头呵斥群臣，结果被群情激奋的大臣们当廷打死了。

我的归属

提起锦衣卫，在历史可是臭名昭著。这个机构权力巨大，冷酷无情，滥杀无辜，让我们那个时代的人闻之色变。其实，锦衣卫最开始只是皇帝的侍卫亲军和仪仗队，随着权力的扩大，后来变得无处不在，成为一种恐怖的杀人武器。

我的样子

我用象牙雕成，外观呈椭圆形，一面上雕双螭纹，中刻“锦衣卫指挥使马顺”8字，另一面上雕勾云纹，下刻“正统十四年八月吉日”9字。自我的主人被群殴致死后，他的“工作证”就在混乱中丢了。而我被认为是由他的家人私刻后，在送葬时偷偷放进棺材里的。为什么这么说？你看，我的主人生前是从三品的指挥同知，一死倒升了一级，变成正三品的指挥使了。

汉字王国

牌

金文	小篆	隶书	楷书
牌	牌	牌	牌

造字本义

形声字，从片，卑声，表示用作标志的板。

现本义

标志或凭信物，亦可指商标或词曲调名。

拉票环节

我就是来见世面的，听了众多前辈的故事，我也受益匪浅。我的主人之死也不是什么光彩的事，我都替他脸红。大家还是投别人吧。

知识小辞典

腰牌：古代用于证明身份而佩戴的证物，材质有金、银、铜、象牙、木等。明朝正式定制，常见的有朝参牌、祀牌、供役牌、扈从牌、内牌等，分别用于不同身份和场合。

天价鸡群出行图：
斗彩鸡缸杯

说我素雅？没错，从瓷到画，自我出现以来还没见到不喜欢我的。整个清朝都没断过仿我的念头，我在拍卖会上一现身，直奔上亿人民币而去，不骗你们……

我的档案

出生年代：明成化

现家庭住址：故宫博物院

身高：高 3.4 厘米，口径 8.3 厘米，足径 4.3 厘米

个性签名：天下之大，唯爱永恒

知识小辞典

斗彩：中国传统制瓷工艺之一，在瓷坯上先用青花描绘图案轮廓，施透明釉后经高温烧成，再以各种彩料填绘，入低温小窑烘烤而成。因彩绘方式分釉上、釉下两种，有拼逗之意，故称为“斗彩”或“逗彩”。

我的生产地

位于江西东北部的景德镇市，属明清四大名镇之一，是享誉世界的“瓷都”。因宋真宗时生产出的青白瓷优质独特，遂以当时年号为名置镇。这是一座因瓷而生、因瓷而兴、因瓷而名的城市。

景德镇陶瓷馆：陶瓷艺术专业性博物馆，分为“历史之部”“新中国之部”和专题展览厅。

昌江：鄱阳湖水系的一条河流，因流经安徽省昌门（今祁门）而名。

景德镇御窑厂国家考古遗址公园：这里是元、明、清三代专造宫廷用瓷的皇家窑厂，也是中国唯一一处能全面系统反映官窑陶瓷生产和文化信息的历史遗存。

我的主人

我的主人是明宪宗朱见深，他在深宫里度过了自己悲惨、备受冷落的童年。在孤寂、担惊受怕的岁月里，身边只有宫女万贞儿不离不弃地保护他，照顾他。因此，他登基后，一辈子就宠比他大了17岁的万贞儿一人，为此还废了皇后。

我的来源

我的主人登基后偶然间看见了一幅宋人画作《子母鸡图》，上画一只母鸡带着几只小鸡在地上觅食，母鸡慈爱的目光非常传神，而依偎在母鸡羽翼下的小鸡们稚嫩可爱。这幅图的温馨感一下子打动了我的主人，他马上下令景德镇御窑厂烧制这种图案的瓷器。

我的样子

我是主人的御用酒杯，通体施白釉，釉面洁润，胎体轻薄，碗内光素，外壁就是按主人旨意绘制的画面。以牡丹湖石和兰草湖石为界，画面分成两组，一组中母鸡低头觅食，公鸡回首注视，三只小鸡在旁自在玩耍；另一组中引吭高歌的公鸡身后，一母鸡与三小鸡欲食蜈蚣。

我的价值

因为我的身份高贵，景德镇御窑厂烧制时自然高标准，严要求，将不完美的直接销毁，因此我的兄弟姐妹不多，流散到民间的数量更少。古时就有“宁存成窑，不苟富贵”的说法。因为“千金难买”，后世历朝都没放弃仿制我，告诉你们个秘密，在这些仿制品中就清康熙朝的仿品还算看得过眼。

汉字王国

鸡

甲骨文		隶书	雞
金文		楷书繁体	鷄
小篆		楷书简体	鸡

造字本义

原为象形字，战国时改形声字，从隹，奚声，表示对天亮敏感知时的家禽。

现本义

家禽或姓氏。

拉票环节
大家之所以那么追捧我，肯定是基于我背后所凝聚和沉淀下来的明成化年间的历史，及景德镇官窑所表现出来的精湛工艺。在历史长河里，每一滴水都是全息的。我，愿意成为使者！

专属天子的尊贵：金丝翼善冠

惊奇吧，这造型，这工艺，世上也就独一份。我啊，代表了我们大明王朝最高的花丝镶嵌工艺，仅用于皇家饰品。说了，你们也不懂，看效果就可以了……

我的档案

出生年代：明万历

出生地点：明十三陵定陵地宫

现家庭住址：明十三陵博物馆

身材：通高 24 厘米；后山高 22 厘米，冠高 14.7 厘米，口径 20.5 厘米

体重：826 克

个性签名：我是你遥不可及的梦

我的出生地

我出生在北京市昌平区境内的天寿山南麓，我们这里是皇家陵寝，有 120 多平方千米呢，从明成祖朱棣开始，先后有 13 位明朝皇帝死后安葬在这里。因此，我们这里有中国乃至世界现存规模最大、帝后陵寝最多的皇陵建筑群。

明定陵：明代第十三帝神宗显皇帝朱翊钧（年号万历）的陵墓。

明献陵：明朝第四位皇帝明仁宗朱高炽和皇后张氏的陵墓。

明十三陵：明朝迁都北京后明成祖朱棣及其以后共计十三位皇帝的陵墓的总称，总面积 120 余平方千米。

明长陵：明十三陵之首，是明成祖朱棣和皇后徐氏的合葬墓。

我的主人

我的主人明神宗朱翊钧，是明朝在位时间最长的皇帝。他年少聪明，却贪财贪权，师父张居正在时奋发向上，师父死后放飞自我，由勤变懒，跟大臣们较劲，最后干脆近 30 年不上朝。

我的性质

我是主人的常服之一，又称翼善冠服，使用范围最广，大部分场合均可穿戴。那扮齐就是妥妥的帅哥一枚：头上是金丝翼善冠，身着黄色圆领大袖袍（前后及两肩绣有金盘龙纹），腰中束玉带，脚下踏皮靴。啥？见过红色的？那是其他重要皇室成员穿的，黄色，他们想都不敢想。

造字本义

会意字，从冖（帽子），从元（人头），从寸（手），用手将帽子戴在头上之义。

现本义

由帽子引申为戴帽子或超出众人之义。

我的样子

我又称金冠，由前屋（戴头上的那部分）、后山（后面高出来的部分）、折角（俩小翅）三部分组成，前屋低而圆，后山隆起，折角贴服。后山的二龙戏珠图案采用累丝錾金工艺，龙目圆睁，火珠逼人，凹凸分明，富丽堂皇。

我的技术

我全部由金丝缠结而成，前屋由518根0.2毫米的细金丝编织啊，那对拔丝、编织、镶嵌、錾刻、焊接等技艺无一要求不高。看到后山这两条龙没？仅龙鳞就用了8400余片。我整体轻如薄纱，又轻盈贵气，见者无不称我“精妙绝伦”。

知识小辞典

翼善冠： 最早为唐太宗李世民所戴，明时成为皇帝的常服。它与“乌纱帽”的区别在于“折角”向上。皇帝日常戴乌纱翼善冠，透气轻便，庄重典雅，舒适感很强而很受欢迎。

拉票环节

放眼全国，我是唯一的金冠，精妙绝伦。我作为中国文化代表的使者，不会给咱们丢脸的。投我，投我！

来自帝王的祝福：
金瓯永固杯

我是清朝乾隆盛世的记忆之一，只在每年新年的开笔仪式上使用。每当避瘟的屠苏酒一注，我就仿佛拥有了全世界。那种神圣、肃穆，真的是难以言表……

我的档案

出生年代：清乾隆

现家庭住址：故宫博物院

身材：高 12.5 厘米，口径 8 厘米

个性签名：信我，天下安

知识小辞典

点翠：中国传统金银首饰制作工艺之一，起点缀美化作用。先用金或鎏金的金属做成不同图案的底座，再把翠鸟背部亮丽的蓝色羽毛仔细地镶嵌在上面。以翠蓝色和雪青色的翠鸟羽毛为上品，成品色泽艳丽，精美高雅。

我的出生地

我出生于清朝皇宫内务府，内务府掌管宫廷事务，他们的权力和职责可不小，里里外外有 2000 多人呢，是清朝规模最大的机关。皇帝家的衣、食、住、行等各种事务，都归内务府管。

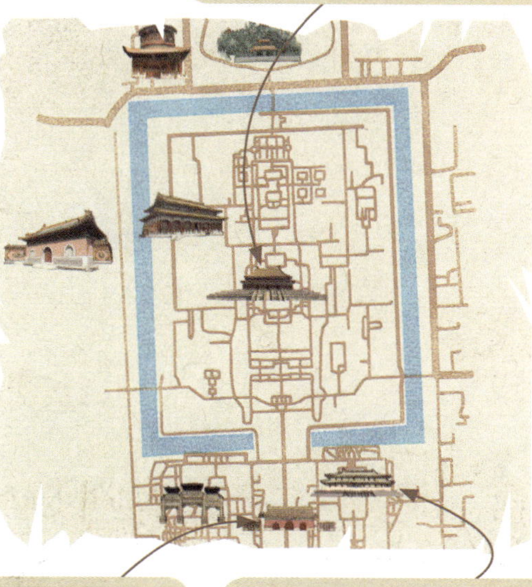

我的主人

我的主人不是一个人，而是一群人，或者干脆可以说是自清乾隆后的历代皇帝。但我最喜欢的是乾隆帝，他是我的创造者，是我第一位主人。从造型设计到工艺安排，乾隆帝都反复过目，就连我身上镶嵌的各种珍宝，质量和位置他也都一一过目，最终满意了才下令制作。我制作出来后，所有参与者都得到了主人的奖赏，甚至还升了官呢。

我的名字

关于我的名字，最早源于《南史·朱异传》，梁武帝夸口：“我国家犹若金瓯，无一伤缺。”结果不久就发生了侯景之乱，不但梁王朝土崩瓦解，整个南朝也因此备受折磨。后来，人们便用“金瓯”比喻国家疆土完整，“金瓯永固”用来寓意国土永保、江山万代。

我的样子

我以点翠和花丝镶嵌工艺制作而成。鼎式，圆形，直口，下承三象首足，象牙长卷，卷鼻触地，象首和象鼻处各嵌珍珠和红宝石一颗。杯口沿一面中部錾篆书“金瓯永固”，一面錾“乾隆年制”四字款，以回纹间隔；两侧以奔腾向上的夔龙为双耳，龙头顶一朵宝相花，上各嵌珍珠一颗。杯身外壁满錾宝相花，花蕊镶珍珠及红、蓝宝石和粉色碧玺。

我的兄弟

在我第一位主人乾隆帝的监督下，我们一共出生了哥四个，大哥于 1739 年（乾隆四年）出生，二哥、三哥于 1740 年（乾隆五年）出生，我则是 1797 年（嘉庆二年）出生。我们兄弟四个分别住在北京和台湾两地的故宫博物院及英国伦敦华莱士博物馆（铜质鎏金和金质）。

汉字王国

甲骨文	金	楷书	金
金文	金	行书	金
小篆	金	草书	金
隶书	金		

造字本义

形声字，金生于土，字形采用“土”作偏旁；“土”的左右两点，像金沙隐藏在土层中的样子。

现本义

黄金，可引申为金属总称。亦可指高贵、贵重之物。

我的寓意

我的身体呈鼎形，鼎代表了社稷江山，象征着国家基业稳固；神兽夔龙，象征王权和神权；宝相花，是佛教圣物，有吉祥、美满之意；灵兽大象，稳重温和，又谐音“祥”，有祥瑞之兆，寓意天下太平，五谷丰登；装饰的各种珍宝，则代表了财富和各种美好寓意。

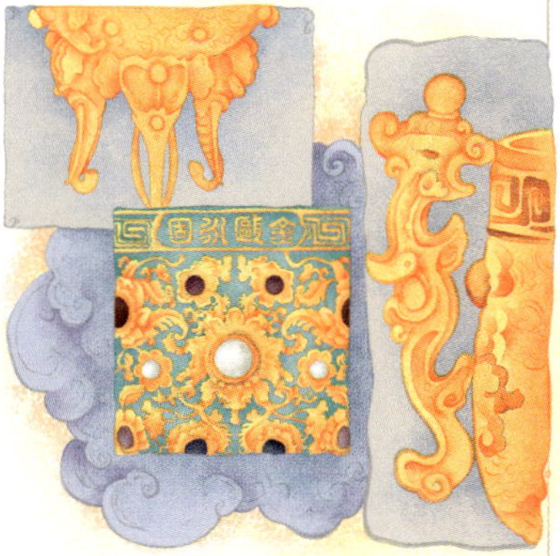

拉票环节

我寄托的不仅仅是执政者的美好愿望，也是老百姓对幸福生活的向往。成为中国文化的代表绝对合适，投我！

清代3D建筑模型：“样式雷”烫样

嗯？我是模型没错，但我可不是一般的模型，里面每一件摆设和零件都可以任意移动。在没有电脑和投影的时代，我就是最强大、最先进的3D模型。

我的档案

出生年代：清光绪

现家庭住址：故宫博物院

个性签名：我牛，故我在

知识小辞典

烫样：是按照缩尺比例用草纸板热压而成的建筑微缩立体模型，由木头、秫秸和纸张加工而成，制作过程中需要熨烫。

我的出生地

我出生于清朝皇宫内的“建筑设计院”——样式房，隶属于内务府下的工程部，主要负责宫室、苑囿和陵墓等的修造。样式房的主要职务是设计，重要工作内容包括制作建筑设计图（画样）、出建筑模型（烫样）以及设计说明（工程做法），皇上同意后就可以支取工料银两，对外“招商”了。

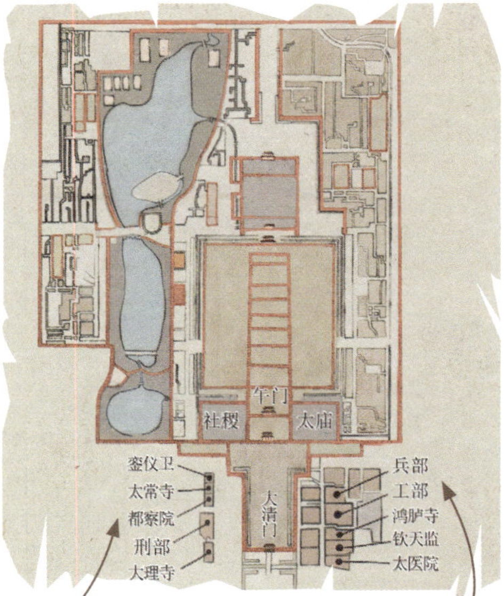

刑部：中国古代司法机构之一。明清时主管全国刑罚政令及审核刑名，与都察院和大理寺共为“三法司”。

工部：中国古代中央官署名，六部之一，掌管营造工程事项的机构。清时管土木、水利、机器制造、矿冶、纺织等官办工业，还主管一部分金融货币和统一度量衡。

建筑世家

样式雷，是咱们中国清代著名的建筑世家，也是世界三大建筑世家之一。从第一代样式雷——雷发达开始，雷氏家族先后有7代人靠实力成为样式房“掌案”，也就是首席设计师，书写了一个中国建筑“工匠”世家的传奇。

我的主人

我的主人是第七代样式雷“掌案”——雷廷昌，他先后参与和主持了咸丰、同治、光绪几位皇帝和慈禧等的陵寝兴建工作，并在重修圆明园、颐和园、扩建“三海”工程中，成为京城公认的最有成就的建筑师。

我的样子

我不但与建成后的建筑外观高度相似，打开屋顶还可以清楚地看到内部的情况。屋瓦、廊柱、门窗甚至内部陈设的桌椅、几案、床榻等每一个小部件都可以移动。烫样之上，还贴有表示建筑各部尺寸的标签。

我的兄弟

就形式来看，我们家庭成员可分两类：一种是单座建筑，一种是组群建筑。单座建筑表现的是一座建筑的内外情况，组群建筑则多以一个院落或者一个景区为单位，除单体外，还包括建筑组群的布局和周围的环境布置。

拉票环节

清代宫殿、皇陵、御苑等重要宫廷建筑和皇家工程，几乎都出自雷式家族。在世界上的建筑世家文化中，"样式雷"是实物、图档、建筑原型最齐全的。投我，不用多言！

你知道吗？

现存的故宫、北海、中海、南海、圆明园、万春园、畅春园、颐和园、景山、天坛、清东陵、清西陵、承德避暑山庄、杭州清行宫等，都属于"样式雷"作品。京城里大量的衙署、王府、私宅以及御道、河堤，也出自雷氏之手。

汉字王国

造字本义

会意字，从火，从汤（声）。本义表示皮肤被火或开水灼痛或烫伤。

现本义

除本义外，也指用热的物体使另外的物体起变化。

华贵的烟火之气：

翡翠白菜

停，停！别摸我。小心吓飞我叶子上的蝈蝈。哈哈哈，是不是没忍住，想确认下我是不是真的？我是真翡翠，假白菜……

我的档案

出生年代：清光绪

现家庭住址：台北故宫博物院

身材：长 18.7 厘米，宽 9.1 厘米，厚 5 厘米

个性签名：我有故事，你有酒吗？

知识小辞典

俏色：又称“巧作”，玉器工艺雕琢的一种手法，是指玉匠们在一块玉石材料上，利用玉石的天然色泽纹理，巧妙地雕琢出不同的造型，使之形象逼真。

我的居住地

我出生于北京，但现在居住在台湾地区的台北故宫博物院。这里是中国三大博物馆之一，有很多兄弟姐妹们，虽然住的地方很宽敞，很舒适，每天也有很多人慕名而来看我们，但我们很想大家，总怀念以前在一起的岁月。

淡水河：位于台湾岛北部，是北部地区的主要供水河流之一。

台北故宫博物院：始建于 1962 年，1965 年夏落成。为中国宫殿式建筑，共 4 层，白墙绿瓦，正院呈梅花形，内藏近 70 万件珍藏文物。

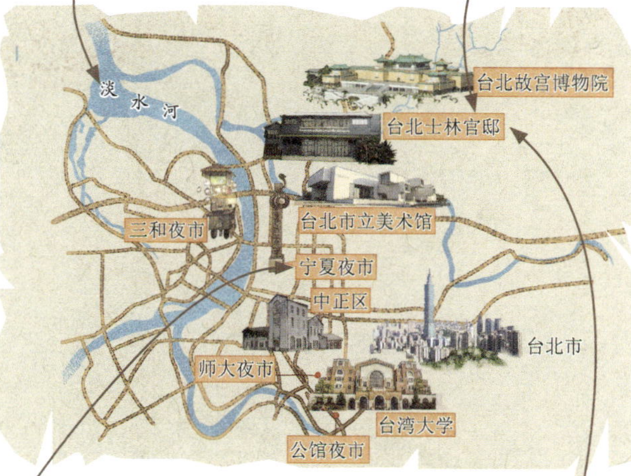

宁夏夜市：台湾十大特色夜市之一，美味小吃多元且丰富，也见证了台北的历史故事。

台北士林官邸：早期属日本殖民时代总督府园艺所用地，后成为蒋介石和宋美龄官邸。现只保留私人别墅一栋，其余皆开放供民众参观。

我的主人

我的主人是清光绪帝仅有的三位后妃之一瑾妃，在光绪帝的选后大典上，与妹妹珍妃同时被选上入宫。只是主人相貌和身材都不太好，性子也不够活泼，一辈子都没有得到光绪帝的喜爱。

我的样子

我的名字来源，大家看我一眼就知道了。我菜头圆润，菜身灰白，菜叶翠绿，叶脉分明，是不是特像一颗大白菜？在我翻卷的绿叶之间，还俏色了两种昆虫呢：一只翠黄的螽斯（zhōngsī，蝈蝈）和一只碧绿的蝗虫。

你知道吗？

作为晚清政府的实际统治者，慈禧非常痴迷翡翠，她的爱好掀起了清代晚期的翡翠热，也使清宫造办处的玉作开始重新焕发生机，陆续制作了各种精致无比、美不胜收的翡翠制品。慈禧很喜爱翡翠白菜，有人猜测收藏于台北故宫博物院的这颗翡翠白菜就是她当年指定的陪葬品。

我把我讲给你听

★ 翠玉材质与白菜造型风行于清中晚期，广受大众喜欢。

我的寓意

白菜的谐音为“百财”，同时又有“清清白白”的意思，不但助旺财运，也象征了新娘子的纯洁。螽斯和蝗虫呢，人们认为它们繁殖力很强，在民间有多子多孙的寓意。用我作为陪嫁品，父母的用心，我主人岂会不明白？可惜造化弄人，她并没有得到期许中的幸福生活。

我的原料

翡翠其名来源于一种鸟，传说翡为赤鸟，翠为绿鸟。高纯者通透呈白色，含铬元素而呈现翠青色者称“翠”；含铁元素而呈赭红色的称“翡”。18 世纪末期，上好的翡翠玉料从缅甸经云南大量输入中国内地，受到了皇帝、后妃及贵族们的崇尚，备受追捧。

汉字王国

菜

金文		小篆		隶书		楷书	
金文	菜	小篆	菜	隶书	菜	楷书	菜

造字本义

形声字，从艹，采声。本义表示采集草木叶子。

现本义

指能做副食品的植物或经过烹调供下饭下酒的蔬菜、蛋品、鱼、肉等。

拉票环节
对未来美好生活的期盼，一直是咱们中国人努力前行的很重要的动力。正直、清白、富贵、平安，看到我，大家都能心生欢喜。东方文化的推广，正需要我！
皇上大婚，可得小心当值。

策划统筹：王波　王震
插图绘制：豆豆鱼绘制
美术编辑：罗筱筱

天亮了，国宝们的自我介绍也都结束了，你觉得它们中的哪些能进入中国文化代表团呢？拿出笔，写下你心目中的“中华之光”成员吧！